JN066309

47 都道府県ご当地文化百科

栃木県

丸善出版 編

丸善出版

刊行によせて

　「47都道府県百科」シリーズは、2009年から刊行が開始された小百科シリーズである。さまざまな事象、名産、物産、地理の観点から、47都道府県それぞれの地域性をあぶりだし、比較しながら解説することを趣旨とし、2024年現在、既に40冊近くを数える。

　本シリーズは主に中学・高校の学校図書館や、各自治体の公共図書館、大学図書館を中心に、郷土資料として愛蔵いただいているようである。本シリーズがそもそもそのように、各地域間を比較できるレファレンスとして計画された、という点からは望ましいと思われるが、長年にわたり、それぞれの都道府県ごとにまとめたものもあれば、自分の住んでいる都道府県について、自宅の本棚におきやすいのに、という要望が編集部に多く寄せられたそうである。

　そこで、シリーズ開始から15年を数える2024年、その要望に応え、これまでに刊行した書籍の中から30タイトルを選び、47都道府県ごとに再構成し、手に取りやすい体裁で上梓しよう、というのが本シリーズの趣旨だそうである。

　各都道府県ごとにまとめられた本シリーズの目次は、まずそれぞれの都道府県の概要（知っておきたい基礎知識）を解説したうえで、次のように構成される（カギカッコ内は元となった既刊のタイトル）。

Ⅰ　歴史の文化編
　「遺跡」「国宝 / 重要文化財」「城郭」「戦国大名」「名門 / 名家」「博物館」「名字」
Ⅱ　食の文化編
　「米 / 雑穀」「こなもの」「くだもの」「魚食」「肉食」「地鶏」「汁

物」「伝統調味料」「発酵」「和菓子 / 郷土菓子」「乾物 / 干物」

Ⅲ　営みの文化編

「伝統行事」「寺社信仰」「伝統工芸」「民話」「妖怪伝承」「高校
野球」「やきもの」

Ⅳ　風景の文化編

「地名由来」「商店街」「花風景」「公園 / 庭園」「温泉」

　土地の過去から始まって、その土地と人によって生み出される食
文化に進み、その食を生み出す人の営みに焦点を当て、さらに人の
営みの舞台となる風景へと向かっていく、という体系を目論んだ構
成になっているようである。

　この目次構成は、一つの都道府県の特色理解と、郷土への関心に
つながる展開になっていることがうかがえる。また、手に取りやす
くなった本書は、それぞれの都道府県に旅するにあたって、ガイド
ブックと共に手元にあって、気になった風景や寺社、歴史に食べ物
といったその背景を探るのにも役立つことだろう。

＊　　　　＊　　　　＊

　さて、そもそも47都道府県、とは何なのだろうか。47都道府県
の地域性の比較を行うという本シリーズを再構成し、47都道府県
ごとに紹介する以上、この「刊行によせて」でそのことを少し触れ
ておく必要があるだろう。

　日本の古くからの地域区分といえば、「五畿七道と六十余州」と
呼ばれる、京都を中心に道沿いに区分された8つの地域と、66の「国」
ならびに2島に分かつ区分が長年にわたり用いられてきた。律令制
の時代に始まる地域区分は、平安時代の国司制度はもちろんのこと、
武家政権時代の国ごとの守護制度などにおいて（一部の広すぎる国、
例えば陸奥などの例外はあるとはいえ）長らく政治的な区分でも
あった。江戸時代以降、政治的区分としては「三百諸侯」とも称さ
れる大名家の領地区分が実効的なものとなるが、それでもなお、令
制国一国を領すると見なされた大名を「国持」と称するなど、この
区分は日本列島の人々の念頭に残り続けた。

　それが大きく変化するのは、明治維新からである。まず地方区分

は旧来のものにさらに「北海道」が加わり、平安時代以来の陸奥・出羽の広大な範囲が複数の「国」に分割される。政治上では、まずは京・大阪・東京の大都市である「府」、中央政府の管理下にある「県」、各大名家に統治権を返上させたものの当面存続する「藩」に分割された区分は、大名家所領を反映して飛び地が多く、中央集権のもとで中央政府の政策を地方に反映させることを目指した当時としては、極めて使いづらいものになっていた。そこで、まずはこれら藩が少し整理のうえ「県」に移行する。これがいわゆる「廃藩置県」である。これらの統合が順次進められ、時にあまりに統合しすぎて逆に非効率だと慌てつつ、1889年、ようやく1道3府43県という、現在の47の区分が確定。さらに第2次世界大戦中の1943年に東京府が「東京都」になり、これでようやく1都1道2府43県、すなわち「47都道府県」と言える状態になったのである。これが現在からおよそ80年前のことである。また、この間に地方もまとめ直され、京都を中心とみるのではなく複数のブロックで扱うことが多くなった。本シリーズで使っている区分で言えば、北海道・東北・関東・北陸・甲信・東海・近畿・中国・四国・九州及び沖縄の10地方区分だが、これは今も分け方が複数存在している。

　だいたいどのような地域区分にも言えることではあるのだが、地域区分は人が引いたものである以上、どこかで恣意的なものにはなる。一応1500年以上はある日本史において、この47都道府県という区分が定着したのはわずか80年前のことに過ぎない。かといって完全に人工的なものかと言われれば、現代の47都道府県の区分の多くが旧六十余州の境目とも微妙に合致して今も旧国名が使われることがあるという点でも、境目に自然地理的な山や川が良く用いられているという点でも、何より我々が出身地としてうっかり「○○県出身」と言ってしまう点を考えても（一部例外はあるともいうが）、それもまた否である。ひとたび生み出された地域区分は、使い続けていればそれなりの実態を持つようになるし、ましてや私たちの生活からそう簡単に逃れることはできないのである。

＊　　　　＊　　　　＊

　各都道府県ごとにまとめ直す、ということは、本シリーズにおい

ては「あえて」という枕詞がつくだろう。47都道府県を横断的に見てきたこれまでの既刊シリーズをいったん分解し、各都道府県ごとにまとめることで、私たちが「郷土性」と認識しているものがどのようにして構築されたのか、どのように認識しているのかを、複数のジャンルを横断することで見えてくるものがきっとあるであろう。もちろん、47都道府県すべての巻を購入して、とある県のあるジャンルと、別の県のあるジャンルを比較し、その類似性や違いを考えていくことも悪くない。あるいは、各巻ごとに精読し、県の中での違いを考えてみることも考えられるだろう。

　ともかくも、地域性を考察するということは、地域を再発見することでもある。我々が普段当たり前だと思っている地域性や郷土というものからいったん身を引きはがし、一歩引いて観察し、また戻ってくることでもある。有名な小説風に言えば、「行きて帰りし」である。

　本シリーズがそのような地域性を再発見する旅の一助となることを願いたい。

2024年5月吉日　　　　　　　　　　　　　執筆者を代表して

　　　　　　　　　　　　　　　　　　　　森 岡 　 浩

目　　次

Ⅳ　風景の文化編　141

【注】本書は既刊シリーズを再構成して都道府県ごとにまとめたものであるため、記述内容はそれぞれの巻が刊行された年時点での情報となります

栃 木 県

・面積：6408km²
・人口：189万人（2024年速報値）
・県庁所在地：宇都宮市
・主要都市：小山、栃木、足利、佐野、日光、那須烏山、那須塩原、
　鹿沼
・県の植物：トチノキ（木）、ヤシオツツジ（花）
・県の動物：カモシカ（動物）、オオルリ（鳥）
・該当する旧制国：東山道下野国
・該当する大名：宇都宮藩（奥平氏、戸田氏など）、烏山藩（那須氏、
　大久保氏）など
・農産品の名産：かんぴょう、もやし、うど、麻、イチゴ、大麦など
・水産品の名産：アユなど
・製造品出荷額：8兆2353億円（2020年経済センサス）

●県　章

栃木県の「栃」の字を図案化。きへんの部分は古代の漢字をモチーフにしている。

I

●ランキング1位

・砕　石　2021年の経済センサスによれば、2020年度時点でのシェアが9％とはいえ全国1位である。主な産出地は鹿沼から佐野にかけての南西部の山岳地帯であり、砂岩などが多い。栃木で石というと、古くは建材に多く使われた「大谷石」を想像する人も多いだろうが、こちらはそれよりも北側、宇都宮市の西側や日光市の南側が中心で、かつ凝灰岩を中心としている。

●地　勢

　北関東三県の一つである。西の日光・足尾の山並みと、東の八溝山地に挟まれた間には、鬼怒川をはじめとして那珂川や思川といった河川が南に流れ下り、特に南部に沖積平野を形成した。古くから栄えた小山や栃木といった町は南部にあり、また県庁宇都宮も県の中程を流れる田川の畔にある。一方、北部の那須は扇状地が広がり、耕作に適さない荒れ地だと、明治時代の開拓によって拓かれるまでみなされてきた。また、最大の特徴として、東北方面に南北に走る街道はこの地方を通過し、東北から関東への出入り口とみなされてきた一帯である。

　内陸県のため海岸はないが、内陸部には日光の奥地に、せき止め湖の中禅寺湖が存在する。山としては男体山、八海山をはじめとした火山由来の山々が多数存在し、また東には八溝山地がある。那須の火山は殺生石の伝説を生んだほどの活発さである。

●主要都市

・宇都宮市　下野国でも有数の由緒ある神社である二荒山神社の門前町として、また日光街道と奥州街道の分岐点として栄えた宿場町兼城下町に由来する都市。餃子があまりにも有名。長年にわたりバスと車中心の都市として知られていたが、2023年に東部地区に開通したLRTの輸送実績の好調さが一石を投じている。また、周辺地域には、巨大な空間を有する大谷石の採掘場跡が多数残っている。

・小山市　古くより小山氏の本拠地であり、また江戸時代には奥州道中の宿場町と思川水運の合流点として栄えた町。東西方向に見てもちょうど両毛地方から水戸方面に抜ける重要なルートが交差し、南部の交通の要衝に

して工業都市として知られている。

・栃木市　巴波川(うずまがわ)と例幣使街道(れいへいしかいどう)の交差点に栄えた商業の町。その賑わいは、初期には栃木県庁がおかれたほどだった。県庁移転もあって現在では小都市だが、その分江戸時代末期〜明治時代の蔵造りが多数残る観光地として知られている。

・足利市　室町幕府将軍家である足利氏の出身地としても知られる織物の町。そのため国宝の鑁阿寺(ばんなじ)はじめ史跡が多いが、最近では戦国時代末期に足利城主の依頼で打たれた日本刀「山姥切国広(やまんばぎりくにひろ)」の展示に全国から大勢の人が詰めかけたことでも有名になった。

・佐野市　例幣使街道の宿場町として発展した小都市。厄除け大師と佐野ラーメンが有名。

・日光市　古くから男体山を中心とした山岳信仰の聖地であり、江戸時代以降は日光東照宮など二社一寺（東照宮・二荒山神社・輪王寺）の所在地として徳川将軍家の篤い保護を受けた都市。近代以降はもう一つ、その清涼な気候風土によって別荘が多数設けられたことでも有名になった。なお、現在の市域はその日光に向かう日光道中沿いの宿場町であった今市を含んでいる。

・那須烏山市　那珂川のほとりにある小さな城下町。貝の化石が多いことでも知られる。

・那須塩原市　古くは那須野が原と呼ばれる広大な原野であったが、明治以降の開拓や東北本線の開通によって人口が増えた地域。北西部には古くから名湯として知られる塩原温泉郷がある。なお、南隣の大田原市が本来は古くからの那須地方の中心地であったが、これは扇状地の端の方で、比較的水を確保できたことによる。

・鹿沼市　園芸用土の代名詞、鹿沼土で知られる町。例幣使街道の宿場町かつ霊場日光の玄関口として発展した。

●主要な国宝

・鑁阿寺本堂(ばんなじ)　現在の足利市中心部に方形の寺域を持つ鑁阿寺は、鎌倉時代の1197年頃に、当時の足利家当主が館に設けた持仏堂に始まるとされる。つまり、寺域の形状は当時の城に由来している。国宝指定されている本堂は、1299年の建造であり、当時中国での最新様式であった禅宗様の好例として知られている。足利家はその後征夷大将軍として幕府を開いたため、

その氏寺としても保護を受けた。

・足利学校所蔵の中国古典籍　足利学校の創建時期ははっきりわかってはいないが、特に盛んになったのは室町時代の中期、関東管領の上杉憲実が復興してからのことである。続く戦国時代の間、学校は上杉氏や足利領主の長尾氏、また後北条氏の庇護をうけ、衰えた後も長く古典籍の所蔵で知られていた。国宝に指定されているのは『周易注疏』『文選』など庇護者たちが学校に寄贈した中国の書籍だが、特に『周易注疏』は中国南宋（12～13世紀）の刊本の現存例という貴重なものである。

・那須国造碑　大田原市にある飛鳥時代の石碑であり、那須の国造（令制国の制度が成立する以前、世襲で地方を支配した豪族が任じられた地方官）の死を悼んで建造されたと碑文には記されている。だが、特に重要な点としては、江戸時代に隣接する水戸藩主で「水戸黄門」こと徳川光圀公がそれを知り、碑文の調査と保護、周辺の史跡としての調査と保存を手配したことがある。国内文化財の保存事例として（単純に比較はできないが）早い事例である。

・日光の建造物と神宝・寺宝　国宝に指定されているのは、有名な陽明門をはじめとした日光東照宮の主要建築物と、その後三代将軍徳川家光の霊廟として建てられた大猷院霊廟、また刀と『大般涅槃経集解』である。この平安時代にさかのぼる経典は東照宮創建にあたり、当時の幕府において重きをなし、東照宮の由来となった「東照大権現」という神号提案のきっかけを作った天海僧正が収めたものと伝えられている。

●県の木秘話

・トチノキ　縄文時代からその実は食用にも供せられたというトチノキは、日本列島の山岳地帯の各地に生えているが、県内では中禅寺湖畔や湯西川といった日光市の周辺地域に群生地がある。なお栃木県の名にも「栃」がふくまれるが、県名の由来であるのかは、はっきりしていない。

・ヤシオツツジ　淡い紅色の花を咲かせるツツジ科の低木。こちらも日光周辺で多く見られる。

●主な有名観光地

・日　光　戊辰戦争による炎上の危機を回避した日光は、町を挙げての社寺の保存、避暑地としての外国人の到来、修学旅行の目的地化、鉄道の開

通を通じて現代につながる観光都市となった。華厳の滝など多数の滝や、その合間にあるかつての外交官別荘、また金谷ホテルやJR日光駅をはじめとした洋風建築の点在でも知られている。また、戦後はその奥、鬼怒川の渓谷沿いにある鬼怒川温泉も栄えた。

・那須高原　那須野に人が増えたのは先述の通り明治時代以降のことで、那須疎水によって畑や牧場が開かれたことをきっかけとする。長年の水不足が大きく解消された那須を訪れた昭和天皇が景色を気に入ったことで御用邸が設けられ、以来、毎夏になると皇室が過ごすことで知られているリゾート地である。

・栃木の蔵　巴波川のほとりに立ち並ぶ黒壁の蔵は、たびたびドラマのロケ地にもなっている。現在の景観は幕末に北関東各地を略奪した天狗党の乱といった大火をきっかけとして、再建されたことで生み出されたものである。

・足尾銅山跡　江戸時代に拓かれ、近代において国内有数の銅産出量を誇った足尾銅山周辺は、しかし鉱毒により木々が枯れて荒れ果てた土地が、山を越えれば日光にもかかわらず、鉱山の操業を止めた現在ですら広がっている。明治時代〜大正時代に渡良瀬川流域に発生した国内最悪規模の公害、足尾鉱毒事件は、この川の源流部であるここから広まっていった。

●文　化

・烏山の山あげ　古くから那須氏が支配した烏山には16世紀中盤にさかのぼる祭りと、そこでの野外歌舞伎の伝統がある。祭りに出る山車には、烏山の特産でもある和紙が用いられている。

・益子焼　栃木県南東部から茨城県の南西部の一帯にかけて、良質の陶土を産する地域が広がっている。そのうちの一つが益子で、意外と歴史は新しく、笠間（茨城県）の陶工が窯を設けたことが始まりとされる。その後、民藝運動で有名な濱田庄司がここを拠点としたことで人が集まり、現代の大産地を形成した。

●食べ物

・宇都宮餃子　福島円盤餃子や盛岡じゃじゃ麺と同様、餃子の広まりには大戦をめぐる軍事が関係している。宇都宮に駐留していた軍団が満洲（中国東北部）に移り、大戦後に帰国した際に持ち込まれたのである。なお観

光資源になったのは意外と最近の、1990年代のことである。

・**イチゴ**　ブランド品種「とちおとめ」が有名で、かつ生産量においても国内有数である。栃木のいちご栽培が盛んになったのは戦後のことである。それまで栃木県の主要な商品作物であった麻などの需要が落ちるなか、農家の収入を支えうる作物として品種改良や寒冷地での栽培研究がすすめられたのである。

・**日光の湯波（湯葉）**　豆乳を熱して表面に生じる膜を重ねながら作る湯波は、精進料理の需要が二社一寺の所在によって特に大きかった日光において、神事の奉納品としても、また名物としても知られてきた。なお、同じく大豆を使った郷土料理として、鮭の頭や酒粕・大豆とあえた「しもつかれ」があげられる。

・**かんぴょう**　南部の壬生町で栽培が盛んなかんぴょうは、江戸時代に持ち込まれたことが始まりとされる。なお、かんぴょうはユウガオの身の加工品だが、同じユウガオを使用した工芸品には、その実の皮（ひょうたん）を用いる日光のふくべ細工がある。

●歴　史

●古　代

　下野国は本来「下毛野国」で、上野国（上毛野国）と合わせて毛野と呼ばれていた地域だと考えられている。ただし、より厳密には毛野は南部〜中部地方のあたりで、北部の那須地方にはまた別の勢力もあったらしい。この那須地方と下毛野の統合は7世紀中盤とされる。現代では上野を「上毛」と呼ぶこともあるのに対して下野は単に「野州」と略すことが多いが、「毛野」という名の名残が無いかと言われれば、古くは「毛野河」とつづったとされる鬼怒川がそれである。

　下野地方において当時特殊なのは、奈良時代の仏教の統制上重要だった戒壇（僧に正式に戒律を授けるための壇、つまり権威ある僧の任命に必要）が、奈良薬師寺、筑紫観世音寺（「遠の朝廷」とも呼ばれ重要視された大宰府の近く）とならび、なぜか下野薬師寺（現在の東北本線自治医大駅の近く）にも設けられていたことである。7世紀末の建立と推定されるこの寺は衰退と中興を繰り返しているため、当時の事情が伝わっていないものの、下野自体が陸奥に入る直前の国として重視されていたこと、薬師寺近

くに東山道の跡が発掘されていることから、当時の関東地方における仏教の中心であったことはほぼ確実視されている。

　そのようなこともあってか、下野の一帯は山岳信仰が盛んで、伝承では奈良時代に開山したとされる日光山の輪王寺や二荒山神社、同じくほぼ同時期から存在する宇都宮の二荒山神社などが広く信仰を集めていた。

　また、伝承上では藤原秀郷（ふじわらのひでさと）が知られている。940年に天慶の乱（平将門の乱）を鎮圧した彼は下野の有力豪族の出身であり、後に関東地方の多くの武家が、彼の子孫を自称した。

● 中　世

　河川の水がしみ込みやすいため田畑に適さず明治時代まで原野が広がっていた那須野が原は例外として、それ以外の地域には平安時代を通じて広く開拓がなされ、また有力な武家も現れていた。このうち、山のふもとの方の二荒山神社を差配する宇都宮氏、南部の小山氏、足利氏などが、まとまりがある武家として台頭する。また、平家物語中の「扇の的」のエピソードで有名な那須与一も、下野北部を基盤とした那須氏の出身である。この時代の多くの武家が、江戸時代の初めまで存続した。この地方は鎌倉と奥州をつなぐ「奥大道（おくのたいどう）」が通過し、後にはこれが江戸時代の奥州道中に繋がることになる。

　室町時代にも宇都宮氏、また小山氏の流れをくむ結城氏（ゆうきし）が栄えた。特に宇都宮氏は鎌倉時代以来の名族として北関東一帯の合従連衡（がっしょうれんこう）を乗り切り、南関東に台頭して下野南部〜西部にも手を延ばす後北条氏との対立も乗り切って江戸時代にも勢力を保つか、と思われたが、ギリギリのところで豊臣政権下で改易にあってしまう。結局、主要な下野の豪族で残ったのは那須氏のみであった。

　この間、特筆すべきは足利の町で、「坂東の大学（ばんどう）」とも称された足利学校が、関東管領（かんとうかんれい）上杉氏の保護の元で室町〜戦国時代に最盛期を迎えている。

● 近　世

　奥州道中に沿った栃木県の県域には、江戸北方の守りかつ東北地方への警戒の拠点として、宇都宮に大名が配されたが、基本的には小藩・旗本・幕府領が混在した。その中でも重要なのが日光である。先述の通り、奈良時代ごろには既に山岳信仰があった日光山は、戦国時代に一時衰退してい

たが、徳川家康が遺言で自分の死後に日光山にまつるように、と伝えたことで社の建立がてら輪王寺などの保護も行われる。さらに1634〜1636年にかけて、徳川家光の肝いりで社の大改修と造営が行われ、現在見る日光東照宮が完成した。日光への街道が、現在の日光道中や、京都方面からの例幣使（朝廷の使い）の参拝のために中山道から分岐する例幣使街道<ruby>例幣使街道<rt>れいへいししかいどう</rt></ruby>などで整備されるなど、交通網にも大きな影響を与えている。

　主要都市には、奥州道中と日光道中の分岐点となって栄えた宇都宮があるが、南部でも多くの町が主には水運によって栄えた。このような町には栃木、佐野、足利、小山などがあげられる。河川の遡行限界と街道との交差点、つまり山と平地の境に栄えた町々であり、特に足利は織物でも有名であった。

● 近　代

　東北地方に向かう街道上にあるため、戊辰戦争<ruby>戊辰戦争<rt>ぼしんせんそう</rt></ruby>においては東北地方に集合しようとする旧幕府軍の残党と新政府軍との戦いが宇都宮で行われた。このために宇都宮城下町と宇都宮の二荒山神社が炎上する被害を受けている。一方、日光は旧幕府軍残党が主に会津や内陸の方に向かったことによって戦火を免れ、現在までその姿を残した。

　その後、1871年の廃藩置県とその整理において、下野国には北側を管轄する宇都宮県と、南側と上野国の一部を管轄する栃木県が設置。この二つが1873年に合併し、さらに1876年に一部地域が群馬県に移動し、現在の県域が確定した。なお、合併の際、栃木県に合併されるという形式だったため県庁所在地は当初栃木市におかれていたが、1884年に宇都宮市に移転した。宇都宮が文句なしに奥州道中上の交通の要衝であったことが最大の要因であると語られている。

　これ以降の栃木県は、主には関東北部の農業県としての歴史を歩む。那須地方はこの時代に開拓がなされ、また宇都宮は軍都としてにぎわった。明治時代に関わる点では、様々な近代建築物の建材に使われた大谷石が宇都宮を中心に移出された一方、近代最大の公害事件の一つである足尾銅山鉱毒事件が発生したのもこの県である。

　また、戦後は宇都宮への人口や産業の集中がやや著しいが、南部を中心に工業の集積も見られる。加えて、日光や那須高原を中心とした観光資源も、東京近郊の人気観光地として一定の重みをもつ。

【参考文献】
・千田孝明ほか『栃木県の歴史』山川出版社、2011
・栃木県史編さん委員会編『栃木県史』全34巻、栃木県、1973-84

I

歴史の文化編

遺　跡

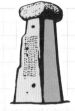

笠石神社（那須国造碑）

地域の特色

　　栃木県は、関東地方北部の内陸に位置する。東部は八溝山地で茨城県と接し、西部は急峻な足尾山塊において群馬県に接する。北は帝釈山地によって福島県と境をなし、南部の低湿帯において茨城、埼玉、群馬各県と接している。県内の主要河川は那珂川、鬼怒川、渡良瀬川などで、いずれも西部山地に源を発する。西部山地は北部の帝釈山地と南部の足尾山地からなる。帝釈山地の東部から南部にかけては、那須・高原・日光の各火山群が分布し、なかでも男体山や中禅寺湖は日光国立公園に指定され著名だが、かつては急峻な地形から山岳修行の中核でもあった。

　内陸部に位置するが、縄文海進により県南部には貝塚を伴う遺跡もある。縄文時代の遺跡の多くは県北部を中心として認められ、弥生時代の遺跡は中期以降の集落跡や小規模な水田遺構が、北部山間の塩谷、那須地方に認められている。古墳時代以降、利根川水系に属する思川、姿川流域などで、古墳の築造が始まり、中核的な発展を遂げていく。

　古代には下野国にあたり、律令制以前は支配者を異にする下毛野国と那須国との2国が鬼怒川を挟んで東西に存在した。下毛野国は上毛野国とともに毛野と称された地域であったが、後に上下2国に分割されたという。なお那須国を支配した那須国造については、700（文武天皇4）年に建立された那須国造碑（大田原市）の碑文に記録が残る。939（天慶2）年には、平将門が下野をはじめ東国8カ国の国衙を制圧し、新皇と称したが、940（天慶3）年に平貞盛と下野押領使藤原秀郷によって滅ぼされた。この秀郷の子孫が在庁官人として下野国衙の機能の一端を担いつつ、小山、下河辺、足利、結城などの諸氏を分出させ、有力な東国武士団へと成長していく。藤原氏直系の小山氏が鎌倉時代以降、守護として支配を強めるが、その後衰退、室町時代には古河公方足利氏や関東管領上杉氏の狭間で、佐野、小山、宇都宮、那須、結城、小田各氏が割拠した。

　凡例　史：国特別史跡・国史跡に指定されている遺跡

関ヶ原以後は、下野南部は徳川氏の譜代大名、ほかは旧族大名の下に置かれた。明治維新後は真岡県、日光県が成立し、その後合併。日光・宇都宮・烏山・黒羽・大田原・茂木の6県および他地域に県庁を有する17県の管轄地を合併して、宇都宮県が成立した。1871年宇都宮県および群馬県の一部は栃木県に合併された。1884年、県庁を宇都宮に置くこととなり、栃木県を宇都宮県と改称したがすぐに旧に復し、その後、寒川郡、梁田郡などが編入され、1896年に現在の県域が確定した。

主な遺跡

寺野東遺跡
てらのひがし

*小山市：鬼怒川支流、田川右岸の宝木台地東端、標高約43mに位置　**時代** 旧石器時代後期～平安時代　**史**

　1990～95年にかけて工業団地造成に伴い、発掘調査が実施された。旧石器時代後期の石器集中地区のほか、縄文時代中期～後期の竪穴住居跡70軒以上と木の実などを貯えた袋状土坑が検出された。また特筆される遺構としては、縄文時代中期末～後期初頭とされる水場遺構や、後期後半～晩期前半とされる環状盛土遺構および木組遺構である。水場遺構は台地西側の斜面から谷底面にかけて、幅約12m、奥行約17m、深さ1m前後のU字形に掘り込み、土留めや足場を組んで、谷部から溝を設けて水を引き込んでいた。また、堅果・根茎類の灰汁抜きのための水晒し施設として、木組遺構も発見されている。この木組遺構の東側、台地の平坦面から斜面にかけて、環状盛土遺構が発掘されている。西側のみ残存し、東側半分は鬼怒川、田川による浸食や享保年間（1716～36年）に開削された「吉田用水」によって掘削されている。この盛土遺構は、祭祀などを行うたびに盛土を施したと考えられ、ドーナツ状に築かれている。4つのブロックが検出され、おおむね外径（南北）約165m、盛土の幅15～30m、高さ最大約2mを測る。環状の中央には石敷台状遺構（長軸22m、短軸17m）が認められる。出土遺物としては、土器、石剣、石棒に加えて、耳飾、土偶、垂飾、土版、土面、鹿角製の簪などが出土している。ほかに古墳時代前期の集落跡、古墳時代中期末～後期の群集墳、奈良・平安時代の集落跡なども検出されている。国指定史跡として史跡公園（おやま縄文まつりの広場）が整備されている。

根古谷台遺跡
ねごやだい

*宇都宮市：思川支流、姿川右岸の段丘上、標高約120mに位置　**時代** 縄文時代前期　**史**

　1982～88年にかけて、公園墓地の造成に伴い発掘調査が実施された。

300基を超える土坑・墓坑群が楕円形に広がり、その「広場」状の空間を囲むかたちで建物群が配される。特に、縄文時代前期の長方形大型建物跡15棟は、長軸20mを超えるものも含まれており、興味深い。ほかに竪穴住居跡が27棟、掘立柱建物跡が17棟確認されており、建替えが行われるなど長期間存続した集落であったことをうかがわせる。墓坑群は5〜10基を単位として構成されており、そのうちの一群（9基で構成）からは玦状耳飾、管玉、石匙、石鏃などの副葬品が出土した。

　遺跡の性格として、血縁関係をもつ集団による非日常的な祭祀の場といった評価がなされており、縄文時代の社会構造や精神生活を探るうえで全国的にも貴重な遺跡である。1988年に国指定史跡となり、史跡公園（うつのみや遺跡の広場）として整備されている。

藤本観音山古墳
（ふじもとかんのんやま）

*足利市：渡良瀬川支流、矢場川南岸の低台地、標高約30mに位置　[時代] 古墳時代前期

　栃木県最大級の前方後方墳。1984年の調査で、主軸長111.7m、前方部の幅約42m、高さ5.4m、後方部の幅約70m、高さ11.8mを測る。前方部2段、後方部3段で築成される。主体部の調査は行われていないが、竪穴式の埋葬施設が残存しているものと想定されている。墳丘周囲には周濠が伴い、周濠を含めると全長は210mとなる。埴輪は確認されていないが、後方部の頂部に二重口縁の壺形土器などが認められている。築造は4世紀代と推定され、西北西約1kmに位置する薬師塚古墳（群馬県太田市）をはじめとした矢場古墳群に含まれるものとして評価されている。なお、古墳南側の周濠付近において、同時期の竪穴建物21棟、土坑3基などが確認されており、古墳築造あるいは祭祀に関わる遺構の可能性が指摘されている。

吾妻古墳
（あづま）

*足利市：黒川左岸の台地上、標高約56mに位置　[時代] 古墳時代後期

　栃木県下最大級の前方後円墳。主軸長127.85mを測り、2段築成になる。第1墳丘の上に第2墳丘が形成され、前方部幅約66m、後円部径約72mの第1墳丘の上に、前方部幅約42m、後円部径約44mの第2墳丘が載る。第1墳丘には周濠（幅約24m、深さ3m）がめぐる。形状は相似形ではなく、葺石は認められず、第2墳丘の中位付近に円筒埴輪が検出されている。築造年代は6世紀後半と推定されている。

　前方部に主体部をもち、全長8.4mと推定される横穴式石室は奥壁や側壁が緑色岩の一枚石で構成され、玄門は凝灰岩切石を刳り抜いてつくられ

ている。玄室前面の側壁は川原石を小口積みしたものであり、羨門は凝灰岩でつくられていた。主体部前面から桂甲小札や金銅製品などが検出されている。幕末に壬生藩主鳥居忠宝が庭石として石室の玄門や天井石をもち出した記録があり、それらは壬生城城址公園に現存する。周辺の70基近い古墳で構成される藤井古墳群の中の主墳。

琵琶塚古墳

＊小山市：思川と姿川に挟まれた洪積台地上、標高約45mに位置　**時代** 古墳時代後期　　　　　　　　　　　　史

　栃木県内最大級の前方後円墳。主軸長約123m、前方部幅約70m、高さ約9m、後円部径約75m、高さ約11mを測る。3段築成で、墳丘には円筒埴輪が立てられていた。周濠は二重で、内側は幅19〜20m、外側は墳丘東側に幅12〜14m程度で構築されている。主体部の調査はなされていない。

　また、本墳の北方200mには摩利支天塚古墳（小山市）があり、主軸長約116.8m、前方部幅75m、高さ7m、後円部径約70m、高さ10mを測る。3段築成で、北側のくびれ部裾から円筒埴輪片が採集された。幅30m前後の盾形の周濠がめぐり、その外縁には堤状のものがめぐっていた。6世紀初頭と見なされている。なお、墳頂に摩利支天の社祠があるため、この名がある。下野地方における首長墓と考えられ、周辺にも多数の古墳が残されていることから、その活動をとらえるうえで重要な古墳群といえよう。

上侍塚古墳

＊大田原市：那珂川右岸の段丘端部、標高約140mに位置　**時代** 古墳時代中期　　　　　　　　　　　　史

　近世、水戸藩主徳川光圀の命で調査が行われたことで知られる。主軸長114m、前方部幅52m、高さ7m、後方部幅約60m、高さ12mで、那須地方では最大級の規模をもつ。墳丘の東麓は崖に接し、周濠が存在した可能性は低いとされる。日本三古碑の1つとされる那須国造碑（大田原市、花崗岩、高さ120cm、152字の文字が刻まれ、那須直韋提の徳を偲び、意斯麻呂らが建碑）の発見に関連して、那須国造の墓を探索すべく、1692（元禄5）年、光圀は小口村（馬頭町）の庄屋大金重貞（旅僧円順によって、1676（延宝4）年に発見された「那須国造碑」をみずから執筆した『那須記』に記載、光圀に献上）に対して発掘調査を命じ、捩文鏡、直刀、管玉、石釧、甲、鉄鏃、刀子などが出土した。主体部は後方部墳頂に位置し、粘土槨と推定されている。後述の下侍塚古墳も発掘し、出土遺物を詳細に記録（『湯津上村車塚御修理』、ただし上・下侍塚の図版類が逆転して記されている）、調査後は原状に復し墳丘に松を植えるなど、文化財保護の嚆矢として評価される。副葬品や墳丘の形状から5世紀初頭の築造とされ

ている。当古墳の北方約700mに下侍塚古墳（那須郡湯津上村）がある。主軸長84m、前方部幅36m、高さ5m、後方部幅48m、高さ9.4mを測る前方後方墳である。上侍塚古墳より後につくられた古墳と評価されているが、1975年の周濠調査で出土した土器には古い形態や技法がうかがわれ、上侍塚古墳に先行させて位置づける評価もなされている。なお、那須郡衙跡（小川町）は那須国造碑や上・下侍塚古墳より南西約3.5kmに位置し、東西約280m、南北約180mの区画内に7世紀末以降の約50棟以上の建物群が確認されている。那須評設置（689年〈持統3〉）と年代的にも近似し、倉庫的な掘立柱建物群が多いが、8世紀後半以降の大型礎石建物跡（瓦葺）も確認されている。

下野国府跡 ＊栃木市：思川右岸、標高約45mに位置
時代 奈良時代～平安時代　　　　　　　　　　　　　史

　1976年より発掘調査が進められ、1979年に宮目神社（宮野辺）周辺に国府の中心官衙である国庁跡が検出された。政庁の区画は約90m四方で、掘立柱の板塀跡などが確認され、正殿があったと推定される場所は社殿が現存し未調査であるが、その前に前殿を検出した。正殿と前殿の東西には細長い南北棟の脇殿が左右対称で配置されていた。当初は、板や檜皮葺であったと考えられるが、後に瓦葺となり、建替えの様相から4期に区分されている。

　木簡や漆紙文書が多数出土しており、木簡の大半が付札ではなく文書用である点は興味深い。「都賀郡」「寒川郡」「天平元年」「延暦十年」といった、郡名や年代、人名が墨書されている。漆紙文書には人名や売地券と見られるものがあるほか、田籍文書も認められ、広範囲に条里が布かれたことがうかがわれる。

　時期区分4期のうち、最も新しい第Ⅳ期の建物群は10世紀前半には機能が失われた可能性が指摘されており、939（天慶2）年に平 将門が数千の兵を率いて「下野国庁」を攻めた記事（『扶桑略記』）との関わりも注目される。

男体山頂遺跡 ＊日光市：男体山山頂、標高約2,486m付近に位置
時代 奈良時代～江戸時代

　1877年、米国の動物学者で大森貝塚を発掘したことで名高いE.S.モース（1838～1925）が、男体山に登山した際に、銭貨、槍の穂先などが散乱していること発見し、『日本その日その日』（1917年刊）に遺跡としてその様子を記したことで世に知られた。1924年と59年に発掘調査が実施

され、山岳信仰に関わる6,000点を超える遺物が出土した。古来より男体山は峰修行の行場であり、近世には毎年旧暦7月1日から7日まで、中禅寺上人の先達で日光山の修験者のほか、講中の者が禅頂（霊山の頂上への登山）した。このための禅頂小屋が山麓に多数設けられていたという。発掘調査は太郎山神社を中心とする範囲に限られていたが、遺跡の範囲はさらに広がるものと考えられる。

　遺物としては、鏡、銅印、密教法具、経筒、銭貨、土器、陶磁器などがあり、前述した山岳信仰に関わる遺物が多く認められた。特に「建久六（1195）年九月五日」銘の御正体（本地仏の像を示した鏡）をはじめ経筒、禅頂札などの出土品は国指定重要文化財となっている。

国宝／重要文化財

眠り猫（東照宮）

地域の特性

　関東地方北部の内陸に位置する。東側に八溝山地が南北にのび、北西側に帝釈山地、南西側に足尾山地があって、三方を山と丘陵に囲まれている。中央北西から南に向かって那須扇状地、塩那丘陵の緩傾斜地が続き、南側には関東平野の一部である下野平野が広がっている。県北部は那須野原の稲作を中心とする農業地帯で、北西にある日光一帯は国際的観光地としてにぎわっている。県央部は農作物の主要生産地であるとともに、各種の伝統産業も発達し、宇都宮は城下町、街道の宿場町として中心的な機能を果たしている。県南部は東京の影響を受けて工業化と都市化が進み、人口の集積が著しい。

　古墳が平野部の河川流域に多く分布している。古代には東北地方へ向かう東山道が通り、那須地方には仏教文化をもたらした渡来人がいたと考えられている。下野薬師寺が建てられて戒壇院が開かれ、東国の仏教中心地となった。中世には宇都宮氏、小山氏、那須氏が有力な豪族だった。室町時代に小山氏、戦国時代末期に那須氏と宇都宮氏が姿を消して、江戸時代には約10の中小藩が分立した。明治維新の廃藩置県で、中小藩と多数の天領、旗本領、寺社領が統合されて栃木県ができた。

国宝／重要文化財の特色

　美術工芸品の国宝は10件、重要文化財は114件である。建造物の国宝は7件、重要文化財は27件である。輪王寺、東照宮、二荒山神社のある日光と、鑁阿寺と足利学校のあった足利の2か所に国宝／重要文化財が集中している。日光は、奈良時代末期に男体山を中心に修験僧勝道によって開かれた山岳仏教の聖地で、江戸時代に徳川家康を祀る日光東照宮が造営されて栄えた。鑁阿寺は1196年に創建された足利氏の菩提寺で、尊氏以降は足利将軍や鎌倉公方の保護のもとで栄えた。寺域内に漢学の学塾であっ

　凡例　●：国宝、◎：重要文化財

た足利学校が室町時代に設置され、収集された多数の貴重な漢籍が現在に伝わっている。そのほかに縄文時代の遺跡から出土した考古資料、地域的農家、那須野原の開拓を示す近代化遺産などがある。

◉那須国造碑（な す こくぞう ひ）　大田原市の笠石神社（おおた わら し　かさいしじんじゃ）の所蔵。飛鳥時代の古文書。笠石神社の神体で本殿に安置されている石碑である。宮城県の多賀城碑（た が じょうひ）、群馬県の多胡碑（た こ ひ）（特別史跡）とともに日本三古碑の一つとされる。徳川光圀（とくがわみつくに）が1687年に調査し、保存のために周囲を買い上げて堂をつくり、管理人の僧（別当）（べっとう）を置いた。高さ148cmの花崗岩の角柱で、上に帽子のような笠石を置く。碑文は8行で、1行に19字ずつ計152字が整然と陰刻され、文字は中国の六朝時代の書風（りくちょうじ だい）である。碑は、那須国造（な すのくにのみやつこ）であった那須直韋提（な すのあたい いでい）が689年に評督（ひょうとく）（那須郡衙の長官）（な すのぐん が）に任じられ、700年に死去したので、その遺徳をしのんで建てられた。難解な文章で、さまざまな解釈が提案された。碑文によると韋提は広氏の尊胤（そんいん）（子孫）とされ、広階連（中国系）、広津連（百済系）、広来津公（日本系）などの姓があげられている。永昌（えいしょう）という唐時代の年号が使われ、また中国風の墓誌形式であることから、渡来人によって建てられた可能性が指摘されている。近くに位置する7世紀後半の浄法寺廃寺（じょうほうじ）（那須郡小川町）から新羅系の古瓦が出土して、古代の郡衙造立と仏教文化の導入に、渡来人の果たした役割が高かったと考えられる。

◎大谷磨崖仏（おおや ま がいぶつ）　宇都宮市の大谷寺の所蔵。平安時代から鎌倉時代の仏像。凝灰岩（ぎょうかいがん）（大谷石）の岩陰内壁に肉彫された10体の磨崖仏（ま がいぶつ）で、特別史跡にもなっている。第1区から第4区まで分けられ、それぞれに千手観音像（せんじゅかんのんぞう）、釈迦三尊像、薬師三尊像、阿弥陀三尊像が配されている。荒彫した像に粘土をかぶせ、彩色仕上げした石心塑像（せきしん そ ぞう）という技法で造られた。しかし1811年の火災で粘土は剥落してしまった。千手観音像は本尊で、像高約4mある。彫刻面に朱を塗って粘土で化粧し、さらに漆を塗って表面には金箔が押されていた。釈迦三尊像は像高3.3mの釈迦坐像に文殊と普賢の2菩薩像、薬師三尊像はやや小さく、像高約1.2mの薬師坐像に日光と月光の2菩薩像からなる。阿弥陀三尊像は像高約3mの阿弥陀坐像に観音と勢至（せいし）の2菩薩像からなり、上部に小さい化仏（け ぶつ）がめぐらされている。千手観音像と薬師三尊像は平安時代初期、釈迦三尊像は平安時代後期、阿弥陀三尊像は鎌倉時代初期の作品とされている。岩崖の粗面に施された磨崖仏として優秀な制作で、大分県の臼杵磨崖仏（うすきま がいぶつ）に比肩される。

●宋版尚書正義

足利市の足利学校遺跡図書館の収蔵。中国／南宋時代の典籍。版木を彫って印刷した版本という書物である。足利学校は中世に漢学の研究と教育の施設だった。創立者を平安時代前期の小野 篁、あるいは鎌倉時代前期の足利義兼とする説があるが、不明である。関東管領上杉憲実（1411～66年）が書物を寄進し、鎌倉円覚寺の僧快元を初代庠主（校長）に迎えて、1439年に足利学校を再興した。乱世を生き抜く武将たちの要求に応えて、特に易学（占い）が盛んとなり、16世紀後半に最盛期を迎えて、全国から約3,000人の学生が集まったといわれている。江戸時代には衰退した。明治維新の時に荒廃し、足利藩、栃木県を経て足利町の所有となり、1903年に足利学校遺跡図書館が開館した。

足利学校遺跡図書館には国宝の版本が4件ある。宋版尚書正義、宋版礼記正義、宋版周易注疏、宋刊本文選で、いずれも南宋時代に刊行された古い漢籍で合計77冊である。尚書正義とは五経の一つである書経の注釈本、礼記正義は礼制の注釈本、周易注疏は易経の注釈本、文選は詩賦文章を集めたものである。このうち尚書正義と礼記正義を上杉憲実が寄進した。憲実はほかにも毛詩註疏、（新）唐書などの版本を寄進している。周易注疏は憲実の子である上杉憲忠が寄進し、文選は神奈川県の金沢文庫にあったものを、1560年に北条氏政が僧九華に与え、足利学校に贈られた。足利文庫の蔵書は、中世に収集された書物がそのまま現在に伝わっている稀有なコレクションである。

●鑁阿寺本堂

足利市にある。鎌倉時代後期の寺院。源 義家の孫である足利義兼（1154～99年）が、足利荘居館内に持仏堂を建て、1196年に伊豆国走湯山理真上人朗安を開山に迎えて氏寺とした。寺号は義兼の法名にちなんで鑁阿寺と称した。寺の周囲には土塁と濠がめぐり、境内は足利氏の居館跡と伝えられて史跡となっている。本堂が国宝、鐘楼と経蔵が重要文化財である。本尊は密教の中心仏である大日如来である。1234年に上棟された大殿が1287年に雷火で損傷し、1299年に再建されたのが現在の本堂である。その後も数回にわたって改修が行われた。桁行5間、梁間5間で入母屋造の本瓦葺で、正面に軒唐破風付の3間向拝、背面に1間向拝がある。粽の柱、尾垂木、二手先組物の詰組など禅宗様の建築様式が見られるが、連子窓、板敷の床など和様の様式も含まれている。鎌倉時代に中国から導入された禅宗様を、いち早く取り入れた中

世の密教本堂である。

●東照宮

日光市にある。江戸時代前期の神社。徳川家康を死後に東照大権現として祀った日光山の霊廟である。伝承によると奈良時代末期に勝道上人が日光に四本龍寺を建て、平安時代に満願寺と寺号を改めたという。平安時代末期に天台宗の影響下で、密教の常行三昧の修行を行う常行堂が建てられた。鎌倉時代には鎌倉勝長寿院別当が日光山の別当を兼ね、しばしば天台座主にも就任したので、延暦寺に次ぐ寺格と権勢を手にした。戦国時代末期に日光山は小田原北条氏に与したため、豊臣秀吉の関東攻略で寺領を失い衰退した。1613年に徳川家康の命で天海が貫主となり、東照大権現を祀る聖地として日光山を再興させ、本社、拝殿、本地堂が建てられた。現在の東照宮の社殿は、徳川家光が建て替え1636年に完成した。1645年に宮号が宣下され、毎年朝廷から日光例幣使が派遣された。1655年に日光山貫主と天台座主を兼ねる守澄法親王に輪王寺宮の号が与えられ、以後、輪王寺宮門跡が江戸寛永寺で日光山以下天台宗を統括することになった。日光山は神仏習合の大きな霊場だったが、明治維新の廃仏毀釈で輪王寺、東照宮、二荒山神社に分割されてしまった。

東照宮の社殿は、本殿と拝殿を石の間でつなぐ権現造で、四囲に透塀、正面に唐門、その手前に陽明門と回廊がある。朱色と黒色の漆塗り、金箔、胡粉の白色や極彩色で彩られ、豪華絢爛な彫刻で装飾されている。

◎那須疏水旧取水施設

那須塩原市にある。明治時代の土木施設。栃木県北部の広大な原野だった那須野原で、政府高官たちの大農場による開拓が1880年から始まり、灌漑用大水路として那須疎水が1885年に開削された。那須塩原市西岩崎の那珂川右岸から取水し、約16kmの本幹水路、4本の分水路、支線水路を通って約10,000haに及ぶ開拓地をうるおした。最初の取水口である東水門は那珂川の絶壁を掘ってつくられ、その後200m離れた上流に取水口が移された。那須野が原博物館で、取水口の模型や、掘立小屋のような開拓民の簡素な家が復元展示されている。一方、青木周蔵の旧青木家那須別邸など、政府高官たちの豪華な別邸もいくつか残っている。

	時 代	種 別	名 称	保管・所有
1	縄 文	考古資料	◎深鉢形土器／那須塩原市 槻沢遺跡出土	那須塩原市
2	平安〜鎌倉〜室町	彫 刻	◎木造阿弥陀如来及四菩薩坐像（常行堂安置）	輪王寺
3	平 安	典 籍	●大般涅槃経集解	輪王寺
4	平安〜鎌倉	考古資料	◎男体山頂出土品	二荒山神社
5	鎌 倉	絵 画	◎板絵著色役行者八大童子像	輪王寺
6	鎌 倉	彫 刻	◎厨子入木造大日如来坐像	光得寺
7	鎌 倉	工芸品	◎刺繍種子阿弥陀三尊掛幅	輪王寺
8	鎌倉〜室町	古文書	◎鑁阿寺文書	鑁阿寺
9	南北朝	工芸品	◎瑞花孔雀鏡	輪王寺
10	南北朝	工芸品	◎金銅装神輿	二荒山神社
11	江 戸	絵 画	◎紙本著色東照宮縁起（画狩野探幽筆）	東照宮
12	江 戸	絵 画	◎絹本著色菜蟲譜（伊藤若冲筆）	佐野市立吉澤記念美術館
13	江 戸	彫 刻	◎木造天海坐像康音作	輪王寺
14	江 戸	工芸品	◎行事壇皆具	輪王寺
15	室町中期	寺 院	◎西明寺本堂内厨子	西明寺
16	室町中期	神 社	◎綱神社本殿	綱神社
17	江戸前期〜中期	寺 院	◎輪王寺	輪王寺
18	江戸前期〜中期	神 社	●輪王寺大猷院霊廟	輪王寺
19	江戸前期〜後期	神 社	◎二荒山神社	二荒山神社
20	江戸中期	寺 院	◎専修寺	専修寺
21	江戸中期	民 家	◎旧羽石家住宅（芳賀郡茂木町）	茂木町
22	江戸後期	民 家	◎岡本家住宅（宇都宮市下岡本町）	—
23	明治〜大正	住 居	◎旧日光田母澤御用邸	栃木県
24	明 治	住 居	◎旧青木家那須別邸	栃木県
25	明 治	産 業	◎旧下野煉化製造会社煉瓦窯	野木町

唐沢山城石垣

城　郭

地域の特色

　栃木県は旧下野国である。鎌倉時代には、源義家の子孫を名乗る足利氏、藤原秀郷の子孫の佐野氏が鎌倉御家人として、その一族は下野南部を中心に勢力を伸ばした。足利氏は鑁阿寺のある足利氏館とその西方の両崖山城を本拠に、佐野氏は吉水、さらに唐沢山城にあって戦国大名へと成長。小山氏は鎌倉以来、祇園城を中心に中久喜城、鷲城、皆川城にあって、関東武士の動勢を左右する大勢力を形成した。宇都宮氏は多気山城と宇都宮城を核に、八田・小田・氏家・塩谷・横田・上三川・多功・武茂・西方に一族と城郭を配置し、守護大名化を進め、益子・芳賀氏に代表される紀・清両党が主軸の支配勢力となり、慶長2（1597）年まで命脈を保ち続けた。彼ら国人領主の居城だった児山城、上三川城、氏家城、西方城などは今日も良好に遺構が残る。

　さらに、戦国時代には壬生城・鹿沼城の壬生氏が力をつけ、那須地方では、烏山城を中心に那須氏が勢力を張った。那須氏一族である森田、福原、芦野、千本の各氏や黒羽城の大関氏、大田原城の大田原氏らは、那須衆として独自の勢力圏を形づくり、江戸時代を通じて所領を保ち続けた。

　近世では佐野氏が唐沢山城に代わり佐野城を築いて近世大名となったが、唐沢山城は関東の戦国時代の山城では、本格的な総石垣造りであり、なぜ唐沢山城だけ本格的な石垣技法が駆使されているのか、様々な憶測を呼んでいる。佐野城は丘城で連郭式に曲輪を並べ、堀切と土塁で塁壁をつくり、虎口など一部に石垣をつくっている。宇都宮城・壬生城・烏山城・大田原城が明治まで存在した。いずれの城も天守はもとより御三階櫓もなく、塁壁も土塁づくりで、関東でも地味な城の景観であった。陣屋は喜連川・足利・吹上・佐野・茂木・黒羽に置かれた。

主な城

宇都宮城
うつのみや

別名 亀ヶ岡城　**所在** 宇都宮市本丸町　**遺構** 復興二重櫓、土塁、堀の一部

　宇都宮城は、小山氏・那須氏と並び称された下野三大勢力の一つ宇都宮氏の居城であった。宇都宮氏は、平安時代末期から下野の東～中央部を掌握して宇都宮城を中心に一族を各所に配置した下野で最大の勢力であった。その一方で宇都宮二荒山神社の検校職も兼務した、いわば下野の聖と俗の支配者であった。戦国時代は家中での内紛が頻発。幼少の当主が続いた時期に重臣で一族でもあった芳賀氏の台頭は著しく、幼少の当主が続く主家をしのぐ勢いであった。小田原北条氏の侵攻に際しては、常陸の佐竹氏の支援を受けての防戦に終始した。

　天正18 (1590) 年の豊臣秀吉による宇都宮仕置で18万石の所領を安堵された第20代宇都宮国綱であったが、その後の太閤検地では所領の過少申告を追究されて国綱は改易となった。宇都宮氏の後は、半年の浅野長政支配の後、会津若松より蒲生秀行が入封。関ヶ原の戦いの後、秀行が会津に帰封すると徳川家康外孫の奥平家昌が入封、子の忠昌と続き、元和5 (1619) 年には本多正純が15万石で入城するが、宇都宮釣天井事件により改易されると、再び奥平忠昌・松平忠弘・本多忠泰・奥平昌章・阿部正邦・戸田忠真・松平忠祇と替わった。その後、戸田忠寛が入封、7代続いて明治を迎えた。戊辰戦争では2度にわたる攻防戦で城は焼失した。

　宇都宮城は宇都宮西台地が、田川に向かって突出した台地の東端に築かれている。その北方には宇都宮丘陵が迫り、その南端にある二荒山神社の独立丘との間には釜川が東流している。そのため、西から北側の方が城より高いことから、土塁を高く築いて城内の眺望を遮断している。

　近世城郭としての整備は、蒲生秀行を端緒として、その規模から2代将軍徳川秀忠の暗殺を疑われた本多正純の城普請と城下町割の変更、そして奥平忠昌の二の丸東側の石垣や大手口の整備が大きなものであった。

　東西1.2km南北1kmの城域に、北を大手として中央南東寄りの本丸を二の丸が囲み、西から北にかけて曲輪を重ねていた。田川とその氾濫原の湿地帯であった南東から南側は、最も手薄で南の南館と三の丸から延びる帯曲輪だけであり、戊辰戦争では、この南東側からの攻撃により落城して

いる。本丸には本多正純の時代に天守があったとの説もあるが、確証はない。その代わり本丸の土塁上には、5棟の二層櫓が立ち並び、本丸表門の清水門西側の清明台が天守の代用であったとされる。三の丸大手門には丸馬出が造られ、主要な虎口は枡形門とされたが、すべて外側が櫓門、内側が高麗門という構成は他に例をみない。また、徳川将軍家の日光社参（日光東照宮参詣）での宿城という役目を担っていたことは、江戸時代の宇都宮城の大きな特徴である。

現在、本丸は発掘調査を経て、宇都宮城址公園として整備された。往時の1/3ほどは2基の櫓と土塀が土塁と共に復興されたが、土塀の途中にある2ヶ所の屏風折れは、整備の基礎となった絵図の姿を復元したものである。

唐沢山城 <small>からさわやま</small> 　別名 栃本城、根古屋城、牛ヶ城　所在 佐野市富士町　遺構 石塁、堀　史跡 国指定史跡

唐沢山城は、平安末に藤原秀郷が築城したといわれるが、確証はない。秀郷の末裔の佐野盛綱が、享徳の乱の最中に、唐沢山城を修築して佐野氏の居城としたと伝わる。唐沢山は足尾山地の南端、その南麓には関東平野が広がる立地から、関東での覇権を狙う越後の上杉氏、相模の北条氏、甲斐の武田氏らがその足掛かりとするため争奪戦を繰り広げた。佐野氏は勢力のはざまで家の存続をかけて奮闘。最終的に北条氏の勢力下に入り氏忠が佐野氏を継ぐが、天正18（1590）年、北条氏滅亡により天徳寺宝衍（佐野房綱）が唐沢山城主へ返り咲いた。その後、佐野房綱は秀吉の部将富田知信の二男信種（のち信吉）を養嗣子に迎え、旧領3万5千石を安堵された。慶長7（1602）年、唐沢山城南方の春日岡に新城（佐野城）を築城移転。唐沢山城は廃城となった。

唐沢山城は、標高242mの唐沢山山頂の本丸を中心とした城の主体部と両側の尾根筋を中心に連なる城郭遺構群、そして北麓には館跡や家臣団の屋敷跡等城下遺構が残る。山上の遺構には関東の城では珍しい石垣が多く見られる。とくに唐沢山神社のある本丸に残る高さ8mを越える野面積みの高石垣や鏡石の使用は、織豊系の城と通じる大きな特徴である。

小山城 <small>おやま</small> 　別名 祇園城　所在 小山市城山町　遺構 空堀、土塁　史跡 国指定史跡

小山氏は、久安4（1148）年に藤原秀郷の流れを汲む太田政光がこの地を領し、小山氏を称したことに始まる。その後、下野南部を勢力下に収めるが、

天授6（1380）年に第21代小山義政は宇都宮基綱との合戦を機に鎌倉公方足利氏満に反抗。小山義政の乱と呼ばれる義政とその子若犬丸の2代の反乱により嫡流は滅亡。一族の結城氏から泰朝が小山氏を再興、小山城を代々の本城とした。天正5（1577）年には小山秀綱は北条氏に降伏し、氏照が城主として入り城を大改修した。のち、小山城は小山氏に返されるが、天正18（1590）年、豊臣秀吉の小田原攻めでは北条氏に加勢したため、戦後小山氏は領地を没収された。

　慶長13（1608）年、本多正純が3万3千石で城主となるが、元和5（1619）年に宇都宮城へ転封となった。城址の一隅に二重の塁濠に囲まれた将軍家の日光社参の御殿が建設されたが、天和2（1682）年大風による破損のため取り払われ完全に廃城となった。

　小山城は思川東岸の河岸段丘とその東麓に築かれ、往時は東西800m 南北1.5kmの城域であった。現在は城山公園として、段丘上に曲輪や土塁・空堀が残る。社参御殿跡は発掘調査を基に間取りが平面表示された公園となっている。

烏山城 <ruby>烏山城<rt>からすやま</rt></ruby>　**別名** 伏平城、臥牛城　**所在** 那須烏山市城山　**遺構** 石垣、土塁、堀

　烏山城は応永25（1418）年、那須一族の沢村資重がここに築城したことに始まる。天正18（1590）年、那須資晴が小田原遅参を理由に、豊臣秀吉に改易されるまで那須氏の居城として続いた。戦後は織田信雄・成田氏長2代・松下氏・堀氏・板倉氏と続いた後、那須氏が城主に復帰するが後継問題で改易（のち下野福原で千石の交代寄合として復活）。永井氏・稲垣氏を経て享保10（1725）年に大久保常春が入封。大久保氏が8代、約140年続いて明治を迎え廃城となった。その間、万治2（1659）年堀親昌により東七曲り口に三の丸を新築し、藩の中枢を移転するが、山上の城郭は引き続き維持されていた。

　烏山城は標高206mの八高山（比高100m）と呼ばれる喜連川丘陵の一支脈である独立丘陵頂部を中心として築かれた。東西約350m、南北約600mの範囲に五城三郭（本丸・古本丸・中城・北城・西城、常盤曲輪・若狭曲輪・大野曲輪）と呼ばれる曲輪群、土塁や堀のほか本丸虎口付近を中心に石垣が残る。また、城の西側の搦手口にあった神長門が移築されて現存する。板葺き屋根の高麗門で、門扉は上半分が透かし戸となっている古式な造り

である。

足利氏館 _{あしかがし}
別名 鑁阿寺　**所在** 足利市家富町　**遺構** 土塁、堀　**史跡** 国指定史跡

鑁阿寺（ばんなじ）として現在に残る足利氏館は、12世紀半ばに源姓足利氏初代の源義康が築き、二代目の義兼（法名鑁阿）が建久7（1196）年に邸内に持仏堂を建て、大日如来を祀ったのが始まりといわれている。文暦元（1234）年には三代目の足利義氏が堂塔伽藍を建立し、足利一門の氏寺とした。

寺域はほぼ正方形で、約200m四方、広さは約40,000m²あり、周囲に土塁と堀を廻らしている。その形状はシンプルだが、方形居館の典型的な姿は、鎌倉時代の武家屋敷の面影を今に伝えているものとして、大正11（1922）年に足利氏邸宅趾として国史跡に指定されている。

多気山城 _{たけさん}
別名 多気城、御殿山城　**所在** 宇都宮市田下町　**遺構** 石垣、土塁、堀

多気山城は、標高377mの多気山の全域を用いて築かれた山城である。この地に築城したのは、康平6（1063）年に宇都宮氏の祖、藤原宗円とされている。他にも文明4（1472）年に多気兵庫頭の居城と記す史料もあるが、いずれも確証はない。戦国末期、北条氏の侵攻に悩まされ続けていた宇都宮氏は、天正13（1585）年、平城の宇都宮城からこの多気山城に、その本拠の移転を図った。全山にわたる曲輪の造成や土塁・堀そして虎口の構築が施されていることに加え、山麓の小字名に、上河原・下河原・粉川内（粉河寺）・清願寺（清巌寺）・裏町（池上裏町）・塙田・扇町・源石町（元石町）などの宇都宮城下と同じ地名があることに、一時的ではなく恒久的な移転を意図したと思わせる宇都宮氏の本気度が窺える。

比高200mの最高所には櫓台と見られる高まりがあり、東西約140m南北約120mの山頂部が本丸で御殿平と称されている。ここから北・南西・南・南東の方向に曲輪が造成され、山の東側中腹には多気不動尊がある。この多気不動尊の少し下のラインで、横堀が東から南を経由して西側まで続く。土塁を伴ったり二重に構築されていたり、一様ではないが横堀が山腹を廻っている。樹木の伐採が行われた箇所もあり、関東平野を一望できる頂上からの眺望は復活したが、遺構の多くは埋もれたままになっており、史跡としての保存や整備が待たれる。

戦国大名

栃木県の戦国史

　室町時代の栃木県は宇都宮氏が関東を代表する有力大名であった他、南部には小山氏、佐野氏などが割拠し、那須地方には那須氏が勢力を持っていた。宇都宮氏のもとには、紀党と呼ばれた益子氏と、清党と呼ばれた芳賀氏の2氏があったが、芳賀氏が宇都宮氏から何度か養子を迎えたことでその一門格に昇格、宇都宮氏一族である塩谷氏や武茂氏と争うようになった。寛正4年（1463）芳賀成高の子正綱が宇都宮氏を継いだことで、芳賀氏は宇都宮氏と並び立つようになり、ついに永正9年（1512）に宇野宮成綱が芳賀高勝を討ったことで内訌状態に陥った。これに古河公方の内紛も加わって戦乱が続き、天文20年（1551）宇都宮広綱と芳賀高定が、芳賀氏嫡流の高照を討ったことで終息した。

　一方、那須氏も下那須家と上那須家に分裂、下那須家は古河公方、上那須家は室町幕府と結んで争い、永正11年（1514）に上那須家が内紛で滅亡。下那須家の資房が那須氏を統一し、資晴は大関氏、大田原氏、千本氏などを率いて宇都宮氏と激しく争った。

　こうした間に北条氏が北上、天文14年（1545）河越夜戦で扇谷・山内両上杉氏が敗れると、南部から北条氏の傘下に組み込まれていった。しかし、永禄3年（1560）長尾景虎（のちの上杉謙信）が北条氏追討を目指して関東に入ると、諸豪族は景虎軍のもとに参じた。以後、下野の諸氏は北条氏と上杉氏の勢力の狭間で翻弄されることになる。この間、天正4年（1576）小山秀綱が北条氏に敗れて祇園城（小山市）が落城、大名としては滅亡した。

　天正18年（1590）7月5日に小田原城を落城させた豊臣秀吉は、26日には宇都宮城に到着。宇都宮氏は旧領を安堵されたが、北条方に与していた下野諸氏の多くが所領を没収された。また主家那須氏とは別に小田原に参陣していた大関氏や大田原氏、芦野氏などの那須衆は所領を安堵されている。

芦野氏　下野国の戦国大名。下野国那須郡芦野郷（那須郡那須町芦野）発祥。藤原北家で、『吾妻鏡』の建長8年（1256）の条にみえる「葦野地頭」が芦野氏とみられ、一般的に芦野氏の祖とされる那須資忠の四男（三男とも）資方は、この芦野氏の名跡を継いだものか。以来、芦野氏は那須氏の一族となった。当初は芦野城に拠り、応永年間（1394〜1428）に南西にある館山城に移った。資興は太田道灌に従い、資豊は那須高資に従った。天正18年（1590）盛泰は豊臣秀吉の小田原攻めに参陣して本領安堵された。

伊王野氏　下野国那須郡の国衆。藤原北家那須氏の一族で那須七党の一つ。伊王野城（那須郡那須町伊王野）に拠る。天正18年（1590）資信のときに豊臣秀吉に従い、那須郡内で所領を安堵された。江戸時代は旗本となったが断絶、一族は水戸藩士となって存続した。

今泉氏　下野国河内郡の国衆。同郡今泉（宇都宮市今泉）発祥で宇都宮氏の一族。永享年間（1429〜41）、横田師綱の三男元朝が今泉氏を称し、代々上三川城（河内郡上三川町）に拠っていた。慶長2年（1597）高光のとき芳賀高武に敗れて落城。子宗高はのちに帰農した。

宇都宮氏　下野の戦国大名。藤原北家で関白藤原道兼の曾孫宗円が下野国宇都宮に下向し、宇都宮座主となったのが祖とされるが、古代豪族毛野氏の出という説もある。史料的に動向が明らかになるのは3代朝綱からで、朝綱は鳥羽院の武者所や後白河院の北面の武士をつとめた。鎌倉幕府の御家人となって、承久の乱では一族の横田頼業や笠間時朝が活躍、その恩賞として朝綱には伊予守護職が与えられた。以後、幕府の有力御家人となり、泰綱は評定衆、景綱は引付頭人をつとめた。また、景綱は弘安6年（1283）貞永式目にならった宇都宮弘安式条を制定している。一方、宇都宮歌壇と呼ばれる地方歌壇を形成、京都や鎌倉の文化人と交流を持ち、私家集も編纂している。室町時代には足利氏に仕えて、関東を代表する大名となっている。天文18年（1549）尚綱は古河公方足利晴氏の命で那須高資を討つ

が戦死。尚綱の遺臣芳賀高定は遺子広綱を奉じて真岡城に拠り、同20年那須高資を討っている。そして、弘治3年（1557）には壬生綱雄を降して宇都宮城を回復した。天正18年（1590）国綱は豊臣秀吉の小田原攻めに参陣して本領安堵されたが、慶長2年（1597）石高を隠匿したとして所領を没収されて宇喜多秀家に預けられた。

祖母井氏 （うばがい）　下野国芳賀郡の国衆。桓武平氏千葉氏庶流である大須賀氏の一族という。宝治合戦ののちに宇都宮頼綱に従い、以後代々宇都宮氏に仕えた。天文年間（1532〜55）に吉胤が祖母井城（芳賀郡芳賀町祖母井）を築城。慶長2年（1597）宇都宮氏の没落とともに、祖母井氏も滅亡した。

大関氏 （おおぜき）　下野国の戦国大名。丹党の一族で武蔵国児玉郡大関（埼玉県児玉郡美里町）発祥というが、常陸国発祥の桓武平氏大関氏の一族か。代々下野国那須郡黒羽（大田原市黒羽）の土豪で、宗増は大田原氏とともに那須氏の有力家臣であったが、戦国時代初期までの事績ははっきりしない。やがて大田原資清と争うようになり、一時資清を下野から追ったが、天文11年（1542）下野に戻ってきた資清に子増次が敗れて自刃。資清の嫡男高増が大関氏を継ぐことになった。高増は那須資胤・資晴に従って黒羽城を築城、天正13年（1585）には大田原氏・福原氏とともに千本資俊を暗殺、千本領を分割している。同18年豊臣秀吉の小田原攻めに参陣して本領安堵された。関ヶ原合戦では資増が黒羽城を守り、江戸時代も黒羽藩主をつとめる。

大田原氏 （おおたわら）　下野の戦国大名。名字の地は同国那須郡大田原（大田原市）。「大田原系図」では阿保親王の末裔とあるが実際には武蔵七党丹党の一つで阿保氏を称していた。康清のとき下野国那須郡に移ったといい、明応3年（1494）居館を水口（大田原市町島）に構えたとされる。戦国時代、資清のときには那須氏の有力家臣となった。資清は一時大関宗増に敗れて下野を退去したが、天文11年（1542）帰国すると大関宗増の子増次を急襲して自刃させ、嫡男高増に大関氏を相続させて、大田原氏は大関氏とともに那須衆の棟梁となった。天正18年（1590）の豊臣秀吉の小田原攻めの際に晴清が秀吉に従い本領安堵された。江戸時代も大田原藩主をつとめる。

小野寺氏
おのでら

下野国都賀郡の国衆。藤原北家秀郷流。義寛は滝口の武士となって代々源氏に仕え、源為義から下野国都賀郡小野寺（栃木市岩舟町小野寺）を賜って小野寺氏を称したのが祖。通綱のとき源頼朝に従って鎌倉幕府の御家人となり、出羽国雄勝郡の地頭職を与えられたが、のち下野国に戻っている。室町時代中期以降次第に没落、戦国時代は長尾氏に従う国人領主となっていた。のち佐竹氏に従い、江戸時代は秋田藩士となった。

小山氏
おやま

下野の戦国大名。藤原北家秀郷流。太田行政の子政光（孫とも）が武蔵国から下野国都賀郡小山荘（小山市）に移って小山氏を称したのが祖とみられる。政光は当初大田氏を称しており、本来は大田氏の庶流と思われる。政光は源頼朝の挙兵にはいち早く参加して兼光流の嫡流の地位を得、長男の朝政は下野守護となり、鎌倉幕府の重鎮として活躍した。以後代々下野の守護を世襲し、一時播磨の守護も兼ねた。南北朝時代、義政は宇都宮基綱を討ったことから鎌倉公方の討伐を受け自害。そこで、鎌倉公方足利氏満は、小山一族の結城基光の二男泰朝に小山氏の名跡を継がせて再興、以後も関東八館の一つに数えられたが、享徳の乱では唯一古河公方に与しているなど、実質的には足利氏の家臣であった。戦国時代には再び結城政朝の二男高朝が継いで、天文年間には宇都宮氏と抗争を続けた。永禄3年（1560）上杉謙信が越後から関東に入ると高朝は一旦謙信に従ったが、天正4年（1576）秀綱のときに北条氏に敗れて祇園城（小山市）が落城、秀綱は常陸の佐竹氏のもとに逃れた。同10年織田信長が武田勝頼を滅ぼすと、滝川一益が信長の代官として上野に入り、これに伴って秀綱は祇園城を回復した。しかし、まもなく本能寺の変で信長が倒れ、滝川一益も神流川合戦で北条氏直に敗れて敗走、祇園城は再び北条氏に奪われた。そして、同18年の豊臣秀吉の小田原攻めによって完全に没落した。

喜連川氏
きつれがわ

古河公方足利氏の末裔。小弓御所足利頼純の長男国朝が古河公方足利義氏の跡を継いで下野国塩谷郡喜連川（さくら市）に住み、喜連川氏を称した。文禄2年（1593）豊臣秀吉の朝鮮出兵に際して西下していた国朝が安芸国で22歳で死去したため、弟の頼氏が秀吉の命で国朝の室と婚し喜連川家を継いだ。江戸時代は禄高4500石ながら、10万石格として諸侯に列した。

佐野氏　下野の戦国大名。藤原北家秀郷流で、足利有綱の子基綱が下野
国安蘇郡佐野（佐野市）に住んで佐野氏を称し、鎌倉幕府の御家人となっ
たのが祖。享徳の乱の際に盛綱が台頭し、唐沢山城（佐野市）に拠って戦
国時代初期には安蘇郡をほぼ支配、古河公方に従っていた。永禄3年
（1560）の上杉謙信の関東入り以降は謙信に従ったものの、北条・上杉両氏
の狭間で去就が一定しなかった。天正12年（1584）の大晦日、長尾顕長に
領内の彦間城を落とされた宗綱が、翌日の元旦に一騎で彦間城に駆けつけ
た際に城中から射られた矢に当たって26歳で死去。そこで、家臣が北条氏
康の五男氏忠を迎えて宗綱の娘と結婚させ、佐野家の名跡を継がせた。し
かし、豊臣秀吉の小田原攻めで氏忠は実家北条氏とともに亡び、名家佐野
氏は一旦滅亡した。宗綱の叔父の房綱は僧侶となっていたが、氏忠が佐野
家を継いだことをよしとせず、豊臣秀吉と通じて旧家臣とともに佐野城を
攻めて奪い、秀吉から佐野氏の跡継ぎとして認められ佐野で3万9000石を
領した。

塩谷氏　下野国塩谷郡の国衆。宇都宮成綱の子朝業が塩谷氏を称したの
が祖。長禄2年（1458）断絶したが、宇都宮正綱の四男孝綱が再興して御前
原城（矢板市早川町）に拠り、宇都宮氏の重臣である御宿老中をつとめた。
天文15年（1544）孝綱が死去すると、その子義孝・孝信が争い、那須氏と
通じた孝信は倉ヶ崎城（日光市倉ヶ崎）城主となった。天正18年（1590）の
豊臣秀吉の関東攻めに従わず、義孝は奥州に追放された。

千本氏　下野国那須郡の国衆。那須七党の一つ。源義経に従っていた那
須資隆の十男為隆が祖という。為隆は屋島合戦ののち信濃国に住んで戸福
寺氏を称し、建久元年（1190）下野国に戻って下野国那須郡千本（芳賀郡茂
木町千本）に住んで千本氏を名乗ったという。以後代々千本を本拠とし、
南北朝時代には新田義貞に従ったというが、室町時代の資持に至る間は
はっきりしない。天正18年（1590）義政は豊臣秀吉の小田原攻めに参陣し
て所領を安堵された。

大門氏　下野国都賀郡の国衆。壬生綱重の子資長が大門宿を領して大門
氏を称したのが祖という。村井城（鹿沼市）城主。子資忠は壬生周長に仕

えていたが、天正7年（1579）壬生周長が甥の義雄に討たれて失脚した。その子弥次郎は宇都宮氏に従って倉ヶ崎城主となる。

多功氏（たこう）　下野宇都宮氏の庶流。「多劫」とも書く。宝治2年（1248）宇都宮頼綱の四男宗朝が下野国河内郡多功（河内郡上三川町）を領して多功城を築城したのが祖。以後代々宇都宮氏の重臣であった。天正18年（1590）の豊臣秀吉の小田原攻めでは、宇都宮国綱の名代として多功綱継が小田原に従軍している。慶長2年（1597）宇都宮氏の没落とともに衰退した。子孫は今治藩士となっている。

那須氏（なす）　下野の戦国大名。藤原北家で道長の六男長家の子孫と伝えるが、古代豪族那須国造の末裔ともいう。下野国那須郡の土豪で、『平家物語』に登場する那須与一宗隆が著名。鎌倉時代は芦野氏、福原氏、伊王野氏などの一族を那須郡内各地に分出、那須党を組織して有力武家に成長した。室町時代には佐竹氏や結城氏とともに北関東を代表する武家となったが、やがて下那須家と上那須家に分裂、下那須家は古河公方、上那須家は室町幕府と結んで争い衰退した。戦国時代、永正11年（1514）に上那須家が内紛で滅亡し、下那須家の資房が那須氏を統一。資晴は大関氏、大田原氏、千本氏などを率いて宇都宮氏と激しく争い、天正18年（1590）の豊臣秀吉の小田原攻めに際して参陣しなかったことから8万石の所領が没収され、佐良土（大田原市）に隠退した。資晴の子資景は大田原晴清の働きかけで豊臣秀吉に謁見して再興、秀吉没後は徳川家康に従い、江戸時代は交代寄合となった。

芳賀氏（はが）　下野国芳賀郡の国衆。清原姓。清原高重が下野国に流罪となって真岡に土着したのが祖と伝える。代々清党を率いて真岡城（真岡市）に拠り、宇都宮氏に従っていた。高経は宇都宮尚綱に叛いて児山城に拠ったが天文10年（1541）滅ぼされた。子高照は同18年に尚綱を討ったが、宇都宮尚綱の嫡男広綱を擁した益子高定に討たれた。高定は芳賀氏を継ぎ、広綱のもとで大きな力を振るった。その後、芳賀高経の二男高継（高規）が芳賀氏の家督を相続、宇都宮広綱・国綱の2代にわたって重臣として活躍した。高継の跡は、宇都宮広綱の三男高武が継いで11代目となったが、慶

長2年（1597）に内乱を起こして没落した。江戸時代は水戸藩士となった。

福原氏（ふくはら）　下野国那須郡の国衆。那須氏の庶流。那須資隆の四男久隆が那須郡福原（大田原市福原）を領して福原氏を称し、福原城を築城したのが祖。久隆は子がなかったことから、那須資之の長男資広が福原家を継いだ。以後、代々那須氏に従う。戦国時代、大田原資清の二男資孝が養子となり、天正18年（1590）の豊臣秀吉の小田原攻めに参陣して本領安堵された。慶長3年（1598）資保のとき徳川家康に仕え、江戸時代は交代寄合となった。

皆川氏（みながわ）　下野国都賀郡の国衆。鎌倉時代初期、皆川荘（栃木市）の開発領主としてみえる皆河氏は藤原姓足利氏の一族とみられ、承久の乱後没落した。これに代わって登場したのが藤原北家で小山氏庶流の皆川氏である。長沼時宗の子宗員が皆川を領して皆川氏を称し、鎌倉幕府の御家人となる。元享3年（1323）宗経のとき、北条高時に叛いて断絶となった。宗員の弟宗泰の子孫は長沼を称していたが、室町時代宗成のときに皆川城に拠って皆川氏と改称した。戦国時代は宇都宮氏に属し、元亀4年（1573）俊宗は北条氏政と戦って敗れ、下総で討死した。その子広照は宇都宮氏に叛いて北条氏政に属したが、天正18年（1590）の豊臣秀吉の小田原攻めでは小田原城開城直前に秀吉に降って本領を安堵された。江戸時代は旗本となる。

壬生氏（みぶ）　下野国都賀郡の国衆。地下官人筆頭の壬生家の一族で、室町時代に胤業が下野国都賀郡壬生（下都賀郡壬生町）に下向、壬生城に拠ったのが祖という。また、宇都宮氏の庶流という説もある。享徳の乱頃から台頭し、本領の壬生の他に鹿沼も支配して代々宇都宮氏の重臣となった。綱重以降は代々宇都宮氏から「綱」の字を拝領している。天文18年（1549）の宇都宮氏の内訌の際には、義雄が宇都宮城に在城して宇都宮一族を取りまとめていたが、弘治3年（1557）佐竹氏の支援を得た宇都宮広綱によって宇都宮城を追われ、永禄5年（1562）には広綱によって謀殺された。子義雄は天正7年（1579）に鹿沼城に復帰、北条氏と結んで宇都宮氏と戦っている。同18年の豊臣秀吉の小田原攻めでは小田原城に籠城、開城直後に義雄が病死したため断絶した。

武茂氏　下野国那須郡の国衆。鎌倉時代末期に宇都宮景綱の三男泰宗が武茂城（那須郡那珂川町）を築城して拠り、代々武茂氏を称して宇都宮氏に属した。持綱のときに一旦断絶したが、永正3年（1506）芳賀成高の子正綱が武茂氏を再興した。永禄年間（1558～70）堅綱のときに佐竹氏に従い、以後は那須氏と抗争した。天正18年（1590）の豊臣秀吉の関東仕置では武茂領は佐竹領に組み込まれ、武茂城にも佐竹氏家臣の太田氏が入城している。江戸時代は秋田藩士となった。

茂木氏　下野国芳賀郡の国衆。藤原北家。八田知家の三男知基が茂木（芳賀郡茂木町）に住んで茂木氏を称したのが祖。鎌倉時代は御家人となる。享徳の乱では満知・持知父子が上杉方と足利成氏方に分かれて争っている。戦国時代は茂木城に拠って佐竹氏に従い、やがてその家臣となった。天正18年（1590）の豊臣秀吉の関東仕置によって茂木領は正式に佐竹領に組み込まれ、茂木城にも佐竹氏家臣の須田氏が入城している。江戸時代は秋田藩士となった。

森田氏　下野国那須郡の国衆。文治2年（1186）那須資隆の長男光隆が那須郡下荘森田（那須烏山市）を領して森田城を築城し、森田氏を称したのが祖。その後中絶したが、戦国時代に那須高資の弟資胤が再興した。天正18年（1590）那須氏とともに没落した。

薬師寺氏　下野国河内郡の国衆。藤原北家秀郷流。寛喜年間（1229～32）に小山長村の子朝村が薬師寺城（下野市薬師寺）を築城して薬師寺氏を称した。南北朝時代、公義は高師直の被官となり、上総守護代・武蔵守護代となっている。観応の擾乱では足利尊氏・高師直方に与し、そののちは下野で宇都宮公綱に属した。以後代々宇都宮氏に従い、慶長2年（1597）勝朝のとき宇都宮氏とともに没落した。

名門 / 名家

◎中世の名族

宇都宮氏
うつのみや

下野の戦国大名。関白藤原道兼の曾孫宗円が1057（天喜5）年または60（康平3）年に下野国宇都宮に下向し、宇都宮座主となったのが祖とされるが、古代豪族毛野氏の出という説もある。
けぬ

朝綱は鳥羽院の武者所や後白河院の北面の武士をつとめた。平安末期には平家に仕えていたが、やがて源頼朝方に転じ、鎌倉幕府の御家人となって伊賀国阿拝郡壬生野（三重県阿山郡伊賀町）の地頭職も賜った。
あえぐんみぶの

承久の乱では一族の横田頼業や笠間時朝が活躍、その恩賞として朝綱には伊予守護職が与えられた。以後、幕府の有力御家人となり、泰綱は評定衆、景綱は引付頭人をつとめた。また、景綱は1283（弘安6）年貞永式目にならった宇都宮家弘安式条を制定している。一方、宇都宮歌壇と呼ばれる地方歌壇を形成、京都や鎌倉の文化人と交流を持ち、私家集も編纂している。

南北朝時代、公綱は紀党（益子氏）、清党（芳賀氏）を率いて南朝方に属して各地を転戦したが、子氏綱は一貫して足利尊氏に与している。室町時代には足利氏に仕えて、関東を代表する大名となっている。
せい

1590（天正18）年国綱は豊臣秀吉の小田原攻めに参陣して本領安堵されたが、97（慶長2）年石高を隠匿したとして所領を没収されて宇喜多秀家に預けられた。国綱は所領回復に奔走、翌年には慶長の役への参陣が許されたが、同年秀吉が死去したため回復は実現できなかった。以後、国綱は諸国を流浪、1607（同12）年死去して嫡流は滅亡した。

◎近世以降の名家

芦野家
あしの

交代寄合。藤原北家で、下野国那須郡芦野郷（那須町）の戦国

大名の末裔。那須資忠の四男資方が祖。1590（天正18）年盛泰は豊臣秀吉の小田原攻めに参陣して本領安堵された。

1600（慶長5）年政泰の時徳川家康に仕えて旗本となり、02（同7）年2700石に加増された。その子資泰の時交代寄合となる。資俊の時新墾田を合わせて3010石となる。また、資俊は桃酔と号した芭蕉門下の俳人で、『おくのほそ道』にも登場する。資愛は、戊辰戦争では関東と奥羽の境にあって去就に苦しんだ末、官軍の芦野到達によって官軍側に付いた。

有馬家

下野吹上藩（栃木市）藩主。筑後久留米藩主有馬豊氏の三男頼次は徳川忠長に仕えていたが、忠長が失脚した際に連座。その後、外孫の吉政が家を継ぎ、紀伊藩主徳川頼宣に仕えたのが祖。

氏倫の時に藩主吉宗の側衆となり、吉宗の将軍就任に伴って旗本に転じ、のち伊勢西条藩を立藩。本家が外様大名であるのに対し、この家は譜代大名とされた。1781（天明元）年、氏恕が上総五井に本拠を移して五井藩主となり、1842（天保13）年氏郁の時、下野吹上1万石に転じた。84（明治17）年頼之の時に子爵となる。

石井家

安蘇郡戸奈良村（佐野市）の豪商。山城国の出で、代々五右衛門を称し、通称「石五」と呼ばれた。6代目の時に農業の傍ら呉服太物の行商を行って財を成し、上野国桐生新町（群馬県桐生市）に支店を出した他、関東から東北にかけて商圏を築いた。

7代目包孝は絹布の利益で田畑山林を集積、領主である旗本諏訪家にも多額の献金を行った。1805（文化2）年には諏訪家より名字帯刀を許され、16（同13）年には士分として2人扶持を与えられた。さらに31（天保2）年には用人格となっている。また、彦根藩にも1000両を用立て、同藩からも20人扶持を支給された。

宇津家

宇津救命丸創業家。宇都宮氏に医師として仕えていたが、その没落後、初代権右衛門が下野国塩谷郡上高根沢郷西根（高根沢町）に移って帰農したのが祖。1597（慶長2）年、助けた旅の僧の所持していた書物の記載から創製したと伝わる秘薬を開発、1673（延宝元）年に「金匱救命丸」と命名した。以後代々権右衛門を称して名主をつとめる傍ら製薬を続けて

領主一橋家にも上納、名字帯刀も許されていた。江戸時代後期には置き薬として、関東・東北だけでなく広く中国地方にまで販売網を広げていた。1906 (明治39) 年には売薬免許を受けて全国に販売、29 (昭和4) 年に商品名を「小児良薬 宇津救命丸」に変更した。55 (同30) 年には社名も宇津救命丸株式会社と改称した。

大川家
おおかわ

足利郡小俣村 (足利市) の旧家。江戸時代は織物業者を統括する元機で、名主もつとめた。その住宅は国登録有形文化財。また、日光輪王寺納戸役高野家とは縁戚関係にあり、高野将監達久が朝廷から拝領した日光例幣使の馬具一領 (栃木県文化財) を所蔵している他、老中水野忠邦夫人から拝領したという打掛二領 (栃木県文化財) も伝わる。

大久保家
おおくぼ

烏山藩 (那須烏山市) 藩主。大久保忠知が1615 (元和元) 年大坂夏の陣に功をあげて上総国武射郡内に500石を与えられたのが祖。子忠高は3代将軍家光の側衆として累進、86 (貞享3) 年1万石となって諸侯に列し、上総八幡に陣屋を構えた。

　子常春は1725 (享保10) 年下野烏山藩2万石に入封、28 (同13) 年老中に就任して相模国で1万石を加増されて3万石となり、厚木村に厚木陣屋を置いた。相模原市田名にある烏山用水は、幕末にこの付近の新田開発を行った烏山藩主大久保家に由来する。1884 (明治17) 年忠順の時に子爵となる。

大関家
おおぜき

黒羽藩主。代々下野国那須郡黒羽 (大田原市黒羽) の土豪で大田原氏と共に那須氏の有力家臣であったが、戦国時代初期までの事績ははっきりしない。豊臣秀吉の小田原攻めに参陣して本領安堵され、関ヶ原合戦では資増が黒羽城を守り、合戦後2万石に加増された (後1万8000石となる)。

　幕末、17代目を継いだ養子の増徳は藩の老職と合わず座敷牢に入れられて強制隠居させられ、1861 (文久元) 年遠江横須賀藩主西尾家から増裕が18代目に迎えられた。増裕は西洋兵学に通じ、襲封直後から講武所奉行、陸軍奉行を歴任して幕府の軍制改革につとめた。67 (慶応3) 年には若年寄に抜擢されたが、直後に急死した。跡を継いだ増勤は戊辰戦争ではいち早く官軍に属し、84 (明治17) 年子爵となった。

太田家
おお た

太田胃散創業家。旧壬生藩士。同藩の谷家から養子となった信義は天狗党の乱に連座して蟄居となると脱藩。大政奉還後に帰参、維新後は新政府に出仕して安濃津県の官吏となる。1878（明治11）年官を辞して上京、79（同12）年に売薬製造販売の許可を得て、翌年日本橋呉服町に開店して胃薬（太田胃散）の販売を始めた。1920（大正9）年2代信義の時に株式会社太田信義薬房と改組、63（昭和38）年3代目信義の時に社名を太田胃散とした。

大田原家
おお た わら

大田原藩主。戦国大名の末裔。同国那須郡大田原（大田原市）発祥。資清は一時大関宗増に敗れて下野を退去したが、1542（天文11）年帰国すると大関宗増の子増次を急襲して自刃させ、嫡男高増に大関氏を相続させて、大田原氏は大関氏と共に那須衆の棟梁となった。

90（天正18）年の豊臣秀吉の小田原攻めの際に晴清が秀吉に従い、本領安堵された。江戸時代も引き続き大田原藩1万2400石を知行、後1万1400石となる。戊辰戦争では新政府軍に属し、1884（明治17）年一清の時に子爵となる。

分家に下野国森田（那須烏山市小塙）に陣屋を構えた交代寄合の大田原家がある。

岡田家
おか だ

都賀郡栃木（栃木市）の豪商。相模国高座郡岡田（神奈川県高座郡寒川町）発祥で敏達天皇の裔という。元は関東管領上杉氏に仕えていたが、江戸時代初期に下野国で帰農し、新田を開発して栃木町発展の基を築いた。以来代々嘉右衛門を称して栃木町の名主をつとめ、周辺は嘉右衛門町と呼ばれる。

喜連川家
き つれがわ

喜連川藩（さくら市）藩主。清和源氏で古河公方の末裔。小弓御所足利頼純の長男国朝が古河公方足利義氏の跡を継いで下野国塩谷郡喜連川に住み喜連川氏を称したのが祖。1593（文禄2）年豊臣秀吉の朝鮮出兵に際して西下していた国朝は安芸国で22歳で死去したため、弟の頼氏が秀吉の命で国朝の室と婚し、喜連川家を継いだ。

江戸時代は禄高4500石ながら、10万石格として諸侯に列した。1789（寛

政元）年5000石に加増。幕末、熙氏は藩政改革を断行、大藩からの援助を期待して熊本藩主細川斉護の子良之助（のち紀氏）を養子に迎えた（元服後紀氏は細川家に戻っている）。維新後は足利氏に復した。

木村家
きむら

足利郡小俣村（足利市）の豪商。織物業者の傍ら金融も手掛けた。代々半兵衛を称し、「木半」と呼ばれた。江戸後期の2代目の時に豪商となり、3代目は千葉周作に剣を学び、勤皇の志士とも交わったという。維新後は私財を投じて小俣小学校を設立、第四十一国立銀行の頭取もつとめた。4代目は「叢鳴珍談」（のちの下野新聞）を創刊、衆議院議員もつとめ、両毛線の敷設にも尽力した。長福院に同家墓地がある。

戸田家
とだ

宇都宮藩主。藤原北家で公家正親町三条家の末裔と伝えるがはっきりしない。戸田忠次は徳川家康に仕えて伊豆下田で5000石を領し、子尊次が1601（慶長6）年三河田原藩1万石を立藩したのが祖。

忠昌は64（寛文4）年肥後天草2万5000石に転じて富岡城を築城した。81（天和元）年老中となり、82（同2）年武蔵岩槻五万1000石、86（貞享3）年下総佐倉6万1000石に転じた。忠真は越後高田を経て下野宇都宮に移り、1714（正徳4）年に老中となって、18（享保3）年には7万7850石に加増。その後も、49（寛延2）年に忠盈が肥前島原に移り、74（安永3）年に忠寛が宇都宮に戻った。維新後、忠友は二荒山神社宮司をつとめ、1884（明治17）年子爵となる。

分家に、足利藩主と高徳藩主があり、共に子爵となった。

鳥居家
とりい

壬生藩主。熊野の鈴木重高の末裔である重氏が鳥居法眼と称したのが祖という。鳥居元忠が徳川家康に近侍し、関東入国後に下総国矢作で4万石を与えられたのが祖。1600（慶長5）年関ヶ原合戦に際しては、元忠は家康留守の伏見城を預かって戦死した。父の遺領は忠政が継ぎ、磐城平（福島県いわき市）10万石に入封。22（元和8）年には山形20万石に移り、26（寛永3）年にはさらに22万石に加増されたが、36（同13）年忠恒の死後跡継ぎがなく断絶となる。

その後、弟の忠春が信濃高遠（長野県伊那市高遠町）3万2000石で再興した。以後、各地を転々とした後、忠英が近江水口2万石に入封。忠英は

1711（正徳元）年には若年寄に列したことから、翌年下野壬生（壬生町）3万石に加転となった。1884（明治17）年忠文の時に子爵となる。

那須家

交代寄合。下野の戦国大名那須氏の子孫。藤原道長の六男長家の子孫と伝えるが、古代豪族那須国造の末裔ともいう。資晴は1590（天正18）年の豊臣秀吉の小田原攻めに際して参陣しなかったことから8万石の所領が没収された。子資景が秀吉に謁見して福原で5000石を与えられて那須家を再興、関ヶ原合戦後那須藩1万4000石を立藩した。

1642（寛永19）年に2代資重が没後、西尾藩初代藩主増山正利の弟資弥（資祇）が養子となって、5000石の旗本として再興した。資弥の姉のお楽の方は3代将軍家光の側室となって4代将軍家綱を産んだことから、資弥も64（寛文4）年5000石を加増されて諸侯に列し、下野烏山藩を立藩した。

87（貞享4）年家督争いで再び改易（烏山騒動）、1700（元禄13）年に資徳が召し出されて再興、08（宝永5）年交代寄合となった。

福原家

交代寄合。那須氏の庶流。那須資隆の四男久隆が那須郡福原（大田原市福原）を領して福原氏を称し、福原城を築城したのが祖。戦国時代、大田原資清の二男資孝が養子となり、1590（天正18）年の豊臣秀吉の小田原攻めに参陣して本領安堵された。98（慶長3）年資保の時徳川家康に仕え、関ヶ原合戦の際には大田原城を守り、合戦後は4500石を知行した。後に分知して3500石となり、交代寄合となった。

堀田家

佐野藩主。大老堀田正俊の三男正高が、1684（貞享元）年に父が暗殺された際に兄正仲より1万石を分知されて下野佐野藩を立藩したのが祖。98（元禄11）年近江堅田藩1万石に転じた。正敦は松平定信に登用されて若年寄となり、『寛政重修諸家譜』を編纂した。同書は日本の姓氏研究における最も重要な基礎資料である。1826（文政9）年先祖の旧領である下野佐野に転じ、29（同12）年1万6000石に加増された。84（明治17）年子爵となる。

博物館

佐野市郷土博物館
〈田中正造展示室〉

地域の特色

　栃木県は、関東地方北部に位置する内陸県で、首都東京の北方60キロメートルから160キロメートルの位置にある。県の北部から西部は、那須連山、日光連山、足尾山地が連なる山岳地帯で、特に日光連山は、白根山、男体山、女峰山など標高2,000メートルを超える火山が連なる。一方、中央部から南部にかけては、那珂川や鬼怒川流域などの平野が広がっている。面積は約6,408平方キロメートル、人口は193万人余である（2021（令和3）年1月現在）。北部から西部にかけては日光国立公園に指定され、国際観光地日光をはじめ、全国的に知られる那須、塩原、鬼怒川、川治など、多くの観光資源に恵まれている。江戸時代、日光は幕府の聖地として位置付けられて特別に保護、崇敬され、東照宮をはじめとする壮大な建物がつくられた。栃木県は首都圏北部という地理的特性からバランスのとれた産業活動が展開されており、農業産出額は全国第9位、製造品出荷額などは全国第12位など全国有数の産業県となっている。

　栃木県博物館協会は1982（昭和57）年に設立され、現在85団体が加盟しており、加盟館の連絡協調と博物館事業の活発化に向けて活動を進めている。入場料共通割引制度、学芸活動奨励賞制度などに特色がある。

主な博物館

那須野が原博物館　那須塩原市三島

　栃木県北部の那須野が原は、約4万ヘクタールの広大な扇状地で明治時代から大々的に開拓が行われてきた。以前は人が住めない原野であったが、開拓によって現在では豊かな田園風景として生まれ変わっている。そこに建設された博物館は「那須野が原の開拓と自然・文化のいとなみ」をテーマに、開拓の歴史や地域の自然を広く紹介している。扱う分野は地学、動

植物などの自然系と考古、歴史民俗、美術、文学などの人文系と幅広く、それらの資料は「市民生活の根っこ」「地域遺産」と位置付けられている。テーマを設定した講座「那須文化セミナー」や地域研究発表会、親子向けの「親子体験チャレンジ」、アーティストとの交流事業「なはくアートプロジェクト」など、市民への活動も活発に行われている。また、那須地区をフィールドにして資料保全調査活動を行う「那須資料ネット」など自主的な市民団体も数多くあり、館の活動と連携した活動が注目される。

栃木県立博物館 とち ぎ けんりつはくぶつかん 宇都宮市睦町

1982（昭和57）年に開館した栃木県の総合博物館。「栃木県の自然と文化」をテーマに多彩な活動をしている。エントランスホールから始まり1階から2階へのスロープを使い、栃木県の名所である日光の神橋（しんきょう）（標高約600メートル）付近から白根山頂（標高2,578メートル）までを垂直分布に従った生態的な展示がされる。展示室1は現在までの栃木県の歴史、展示室2は自然系の展示が行われている。これら常設展示の他、毎年、3回ほどの企画展や、テーマ展、ロビー展示も充実している。博物館の基本機能である資料収集やアーカイブ活動にも重点が置かれ、2020（令和2）年3月には新しく収蔵庫が増設され膨大な資料が良好に保存されている。毎月第3日曜日を「県立博物館の日イベント（県博デー）」として、博物館コンサートや学芸員とっておき講座、キッズツアーなど催しが行われている。

栃木県立日光自然博物館 とち ぎ けんりつにっこう し ぜんはくぶつかん 日光市中宮祠

日光国立公園は山岳、湖沼、滝、湿原など多彩な自然美と、世界遺産にも登録された神社仏閣をはじめとする数々の歴史的建造物などが融合する歴史ある公園である。日光自然博物館は中禅寺湖のそばに位置する。館内の自然系展示室では奥日光の地形の成り立ちや動植物などを紹介するほか、ラムサール条約登録地である「奥日光の湿原」と代表的な湿原「戦場ヶ原（せんじょう が はら）」はそれぞれ独立したコーナーを設けている。人文系展示室では、日光の修験道や「夏は外務省が日光に移る」といわれた明治以降の国際避暑地の歴史を重点的に紹介している。自然解説員とともに日光のさまざまな自然を体験的に学べるプログラムなど、日光地域の情報発信基地としての活動を幅広く行っている。

栃木県なかがわ水遊園　大田原市佐良土

　大田原市の那珂川の畔にある、県水産試験場に併設された淡水魚水族館および関連する公園として2001（平成13）年に開館した。那珂川は、アユが遡上する清流で、施設内の「おもしろ魚館」では、巨大な古代魚ピラルクーや淡水エイなどアマゾンの熱帯魚を大型水槽で展示している。那珂川の上流域から下流域ごとの淡水魚の展示だけでなく、日本の各種淡水魚、熱帯海水魚、触れる水槽、日本の希少魚の展示コーナーなどもある。

佐野市郷土博物館　佐野市大橋町

　常設展示では、古代から現代までの地域の歴史、伝統産業を幅広く展示している。日本の公害問題の原点といわれ、銅山の排煙、鉱毒ガス、鉱毒水などが周辺環境に影響を与えた足尾鉱毒事件の解決に一生を捧げた田中正造（1841〜1913）は佐野市出身である。田中に関する自伝論稿、日記、書簡、愛用品など約1万点の資料を博物館は所蔵しており、常設の田中正造展示室では鉱毒事件の全容と田中の業績を紹介している。

木の葉化石園　那須塩原市中塩原

　「木の葉石」は今から数十万年前に現在の塩原温泉付近にあった古塩原湖に堆積した地層の中に含まれる化石を指し、この地層からは植物の他、昆虫、魚、カエル、ネズミなどの化石も産出している。木の葉化石園はこの化石の産地に1905（明治38）年に開園した。展示室には多数の塩原産の化石の他、世界各地の化石や鉱物も展示されており、木の葉石の原石を割って化石探しを楽しむ体験コーナーも設けられている。

那須どうぶつ王国　那須郡那須町大字大島

　1998（平成10）年に那須地域のテーマパークとして開国。東京ドーム約10倍の敷地に、アーケード型の「王国タウン」と、牧場形態の「王国ファーム」に分かれて500頭以上の動物を飼育している。主に草食動物や小型動物、鳥類などを飼育展示してきたが、2018（平成30）年に全天候型屋内施設「WET LAND」がオープンし、猛獣のジャガーを初展示した。レンタル犬、ふれあいドッグパーク、キャットハウスなどふれあい施設もある。

小山市立博物館　小山市乙女

　1983（昭和58）年に開館した地域博物館。「小山の文化のあゆみ」を常設展示のテーマとし、小山の自然風土の中で築かれた歴史が紹介される。銅鐸の出土例では北限となる西浦遺跡から出土した小型銅鐸（複製）、隣接する乙女不動原瓦窯跡（国指定史跡）でつくられていた瓦などが展示される。テーマごとの企画展や特別展の開催、紀要の刊行など、地味ではあるが地域に根ざした博物館活動が継続されている。

栃木県子ども総合科学館　宇都宮市西川田町

　広大な敷地の入り口脇には国産ロケット H−Ⅱ の実物大模型があり科学館のシンボルともなっている。本館にはテーマ別展示場とプラネタリウムがあり、楽しみながら学ぶことができるサイエンスショーや実験ショーなどが数多く開催されている。展示場の屋上にある天文台には、県内最大の望遠鏡が備えられている。その他、敷地内には変形自転車やミニ機関車に乗れる「乗り物広場」や自然を満喫できる「風の広場」などもある。

しもつけ風土記の丘資料館　下野市国分寺

　2015（平成27）年に管理運営が栃木県から下野市に移管され再オープンした。国史跡である下野国分寺跡・尼寺跡や県指定史跡である丸塚古墳、愛宕塚古墳などの近くに立地し、そのガイダンス施設でもある。展示室では、国分寺跡に隣接する甲塚古墳で出土した、女性が機を織る様子が表現されている「機織形埴輪」をはじめ、貴重な古墳出土資料を多数展示している。また、勾玉や円筒埴輪づくりなどの体験講座が数多く開催されている。

大谷資料館　宇都宮市大谷町

　大谷石とは、宇都宮市大谷町付近で採掘される流紋岩質角礫凝灰岩の総称であり、加工がしやすい石材で重宝されている。その大谷石を掘り出してできた2万平方メートルに及ぶ大きな地下空間を利用した施設で、展示エリアには、採掘、搬出、輸送など大谷石の歴史が紹介される。独特な巨大地下空間は、コンサートや美術展などイベントスペースとしても利用されるほか、映画などの映像作品の撮影現場としても使用されている。

おもちゃのまちバンダイミュージアム 下都賀郡壬生町おもちゃのまち

　株式会社バンダイがもつ約3万5千点のコレクションをベースとしたおもちゃの博物館で2007（平成19）年にオープンした。展示室では、偉大な発明王トーマス・エジソンの発明品コレクション、ヨーロッパを主としたおもちゃコレクション、日本のおもちゃコレクションの中から厳選された展示物が並べられている。エントランスホールには実物大のガンダムの上半身（Aパーツ/全高5.6メートル）が置かれ迫力がある。

那須クラシックカー博物館 那須郡那須町高久甲

　古き良き時代の名車が並ぶ博物館である。メインホールでは、馬車の面影を残す草創期のクルマ、1930年の750ccクラス世界スピード記録保持車であるMG-EX120、世界で最も美しいクルマといわれるジャガーEタイプ、ヴィンテージバイクなどを見ることができる。また、車を描いたイラスト原画などを展示するアートギャラリー、貴重な世界のポリスハットコレクションの展示室などがある。

さくら市ミュージアム―荒井寛方記念館 さくら市氏家

　さくら市の自然と歴史、文化を紹介するミュージアムである。地域の展示の他、さくら市出身の日本画家で日本とインドの文化交流に貢献した荒井寛方（1878～1945）の作品や関係資料を紹介している。また、同じくさくら市出身の鋸研究家吉川金次氏より寄贈された「鋸」コレクション、妻がさくら市出身である野口雨情の原稿や書、楽譜などの資料も展示してある。

日光市歴史民俗資料館・二宮尊徳記念館 日光市今市

　資料館では日光市内に残る歴史民俗や自然に関する資料を収集保存し公開している。なかでも信仰の対象として変わっていった日光の山々や明治期の神仏分離以降の歴史が展示されている。市内の今市地域は江戸時代後期の思想家である二宮尊徳（1787～1856）が晩年を過ごし没した地である。記念館では尊徳がこの地で生涯を閉じるまでの様子を関係資料や動画を使って紹介している。

名　字

〈難読名字クイズ〉
①丁嵐／②五十畑／③大豆生田
／④癸生川／⑤九石／⑥二十二
／⑦倭文／⑧竹子／⑨店網／⑩
七部／⑪外鯨／⑫荷見／⑬粗／
⑭四十八願／⑮五十部

◆地域の特徴

栃木県の名字のベスト5は鈴木、渡辺、斎藤、佐藤、小林で、ほぼ関東地方の標準に近い。これに6位の高橋と7位の福田までが多く、それ以下との間には少し差がある。8位の石川は、沖縄も含めて全国に広く分布する数少ない名字の一つ。栃木県は日本一石川さん率の高い県、県単位で石川がベスト10に入るのは全国で栃木県のみ。

13位の手塚と15位の阿久津は栃木県を代表する名字である。手塚のルーツは長野県上田市の地名で、木曾義仲の家臣の手塚太郎光盛が著名。各地の手塚一族はこの末裔と伝えるものが多い。県内では宇都宮市から日光市方面にかけて多く、とくに旧上河内町（宇都宮市）では最多であった。

一方、阿久津は栃木県独特の名字で、北関東で低湿地のことを「あくつ」といったことに由来する。漢字の書き方にはいろいろあり、茨城県では圷と書くことが多い。

16位の大塚も北関東に多いが、とくに栃木県に集中しており、県順位16

名字ランキング（上位40位）

1	鈴木	11	田中	21	阿部	31	山崎
2	渡辺	12	青木	22	橋本	32	田村
3	斎藤	13	手塚	23	伊藤	33	山田
4	佐藤	14	菊地	24	吉田	34	大森
5	小林	15	阿久津	25	金子	35	清水
6	高橋	16	大塚	26	小川	36	星野
7	福田	17	山口	27	上野	37	野沢
8	石川	18	大島	28	坂本	38	大橋
9	加藤	19	中村	29	山本	39	荒井
10	松本	20	木村	30	藤田	40	中山

位は全国最高順位。ベスト30に入っている県は他にはなく、人口比でも全国一高い。塚とは、墓に限らず人工的に地面を盛り上げた場所を指していた。実は、北関東は埼玉古墳群など古墳の多い地域として知られている。古墳は地面を大きく盛り上げてつくったもので、まさに「大塚」そのものである。つまり、「塚＝古墳」ではないが、古墳の多い北関東の大塚は、古墳に関連する名字だといえる。

また、37位野沢は実数でも人口比でも栃木県が全国最多となっている。

41位以下では、44位須藤が栃木県に因む名字である。下に「藤」が付いて「～どう」と読むことでもわかるように藤原氏の末裔で、那須に住んだ藤原一族が名乗ったとされる。

76位の室井と83位の星は県北部から会津にかけての名字で、とくに室井は旧黒磯市（那須塩原市）では最多であった。また、77位の高久は茨城県、91位の君島は群馬県と共通する名字である。92位の磯は県北部に集中しており、大田原市と那須塩原市に多い。大田原市では礒と書くことも多い。

99位の宇賀神も栃木県独特。宇賀神とは、中世以降民間で信仰された神で、「日本神話」に登場する宇迦之御魂神に由来するとも、仏教用語で「財施」を意味する「宇迦耶」に由来するともいわれる。のちに天台宗に取り入れられ、仏教の神である弁才天と習合して宇賀弁才天とも呼ばれた。全国の6割以上が県内に集中しており、とくに鹿沼市に多い。

101位以下では、熊倉、益子、八木沢、増渕、早乙女、黒崎、五月女、増淵、田崎、猪瀬、沼尾、直井、茂木、和気が特徴的な名字である。

● 地域による違い

県中央部では、宇都宮市で鈴木が最多となっているが、真岡市や上三川町では上野、旧南河内町（下野市）では海老原が最多であるなどばらつきが大きい。この他、上三川町では猪瀬、稲見、芳賀町では黒崎、大根田、直井、茂木町では羽石、河又などが特徴。

都賀地域でも鈴木、渡辺が多く、鹿沼市の大貫、宇賀神、旧藤岡町（栃木市）の海老沼、旧都賀町（栃木市）の毛塚、壬生町の粂川が独特。

足利地区ではかなり独特で、足利市では小林、佐野市では島田が最多。旧田沼町では亀山が最多だったほか、旧葛生町では八下田や土沢が多い。

日光地区では福田が圧倒的に多く、旧日光市域では神山、旧今市市域では沼尾も多い。

塩谷地区では斎藤、鈴木が多く、阿久津、八木沢、手塚も多い。その他では、塩谷町の和気、旧喜連川町（さくら市）の笹沼、高根沢町の見目、旧栗山村（日光市）の大類、伴が独特。

　那須地区では佐藤、鈴木、渡辺と全県と共通する名字が多いが、旧黒磯市で室井、旧馬頭町で大金、旧塩原町で君島が最多であるなど、独特の分布でもある。その他では、大田原市の磯、吉成、生田目、那須塩原市の印南、人見、江連、那須烏山市の雫、久郷、那須町の高久、薄井などが独特。

● 早乙女と五月女

　早乙女と五月女は、いずれも一般的には「さおとめ」と読む。

　「さおとめ」とは、もともと稲の苗を植える女性を指す言葉である。「さ」とは田の神様を意味し、田植えに使う苗を「早苗」、植える女性を「早乙女」といった。そして、イネの苗を植えるのは五月頃だったことから、「早乙女」のことを「五月女」とも書くようになった。つまり早乙女が本来の表記で、名字でも早乙女の方が多い。

　早乙女、五月女ともに栃木県独特の名字だが、その分布に若干の違いがあり、早乙女は栃木市を中心に栃木県南部に、五月女は宇都宮市や小山市に多い。ところがこの名字、栃木県では読み方が他県とは違っている。早乙女、五月女ともに県内の94～95％は「そおとめ」と読み、「さおとめ」と読むのは少数派である。ちなみに平家の末裔と伝えている家が多い。

● 益子と茂木

　益子と茂木はいずれも県内の地名をルーツとする名字。益子のルーツは益子町で、地名が「ましこ」と読むことから県内では名字も「ましこ」が多い。しかし、他県では「ましこ」とは読みづらく、漢字本来の読み方に従って「ますこ」と読むことが多い。

　茂木も、県内に「もてぎ」という地名があるため、栃木県だけではなく北関東一帯では「もてぎ」が多い。こちらも難読のため、他の地域では「もぎ」となる。

　なお、和気は逆のパターン。古代豪族の和気氏の末裔であるため「わけ」と読むのが本来だが、栃木県に集中している和気は「わき」と読む。

● 2系統の足利氏

　室町幕府の将軍家である足利氏は、下野国足利（足利市）をルーツとする清和源氏の名門だが、もう一つ別系統の足利氏もあり、歴史的にはこの

足利氏の方が古い。

　もう一つの足利氏は藤原秀郷流の末裔で、平安時代に成行が足利氏を称したのが祖。藤原北家であることから、将軍家とは区別するために藤姓足利氏といわれる。平安末期には足利郡に大きな勢力を振るい、北関東を代表する有力武家となっていたが、源平合戦の際に俊綱・忠綱父子がともに平家方に属したために嫡流は没落、のちに清和源氏足利氏にとって替わられた。

　庶流の佐野氏・阿曽沼氏は源頼朝に属して鎌倉幕府の御家人となり、この子孫から江戸時代中期に老中として活躍した田沼意次が出ている。

　一方、足利将軍家の方は清和源氏で、源義家の子義国が祖。義国は足利に住み、その二男義康の時から足利を名字とした。

　足利義康は源頼朝の母の妹と結婚して源氏方に属し、源平合戦後は、平家に与した藤姓足利氏にとって替わり、北関東の有力一族となった。さらに、子義兼以降は北条氏の親戚となって、以後代々鎌倉幕府で重きをなした。

　足利一族は本拠地の足利のほか、三河国（愛知県東部）にも所領を得、この2カ所で発展した。一族の吉良、今川、仁木、細川、一色はすべて三河の地名がルーツ。その他、渋川、桃井は群馬県、斯波は今の岩手県にルーツがあるなど、その所領の広さがわかる。

● 那須一族

　『平家物語』の「扇の的」で有名な那須与一は下野の那須地方を本拠とした有力一族那須氏の一族。一般的な系図では藤原北家で関白藤原道長の六男長家の子孫となっているが、那須地方に古代からいた那須国造の子孫ともいわれ、はっきりしない。おそらく、両家の末裔が婚姻関係を結んだことで、那須の地盤と藤原姓の両方を得て、那須の有力氏族になったものだろう。

　合戦後、与一は鎌倉幕府から信濃・丹波など5カ所の荘園を賜って御家人となり、のちに十一男ながら那須氏の惣領を継いだとされている。与一は同時代の資料にはみえず、その事績などは今一つはっきりとしないが、その子孫は鎌倉時代に芦野氏、伊王野氏などの氏族を次々と出し、那須党と呼ばれる同族集団をつくって戦国時代まで栄えた。惣領の那須氏と、分家の芦野、伊王野、千本、福原各氏、重臣の大関氏、大田原氏を合わせて那須七騎ともいう。

◆栃木県ならではの名字

◎磯
<small>いそ</small>

　地形由来の名字で、栃木県北部に多い。とくに那須地方に多く、大田原市と那須塩原市に集中している。古くは「磯」とは大きな石や岩のことを指し、那須地方には「黒磯」「鍋磯」など「磯」の付く地名がある。「磯」はこうした岩などが露出した場所に由来する名字と考えられる。

◎大豆生田
<small>おおまみゅうだ</small>

　栃木市を中心に県南部にはみられる名字。ルーツは大田原市にある地名で、「おおまみゅうだ」か「おおまめうだ」と読まれることが多い。この他にもいくつか読み方があるが、一部の事典では実に20種類以上もの読み方を掲載しており、これをもとに「日本一読み方の多い名字」として紹介されることもあるが、実際にはそのほとんどは実在しない。この名字のユニークな点は、読み方の数ではなく、日本語には珍しい「みゅう」という音が含まれていることである。

◎鯨・外鯨
<small>くじら　とくじら</small>

　鯨は、上三川町を中心に宇都宮市から茨城県筑西市にかけて多い名字。えぐることを古語で「くじる」といい、鬼怒川流域のこの付近では洪水でえぐられた地形が多く、これに由来するものとみられる。一方、外鯨は宇都宮市徳次郎をルーツとする地名由来。この地区の人々は、元は日光の久次良地区から移住してきたといい、「外の久次良」から「とくじら」となり、地名はさらに訛って徳次郎と変化したといわれている。

◎蓮実・荷見
<small>はすみ　はすみ</small>

　那須地方には蓮実という名字が多い。「はすみ」と読む名字は北関東に広がっており、一番多いのが蓮見で埼玉県・群馬県・栃木県・茨城県の4県の県境付近に集中している。また、栃木県東部から茨城県北部には荷見と書く名字も多い。これで「はすみ」と読むのはかなりの難読に感じるが、実は「荷」という漢字は「ハス」のことで、荷見を「はすみ」と読むのは正しい読み方である。

◆栃木県にルーツのある名字

◎宇都宮
<small>うつのみや</small>

　下野国宇都宮（宇都宮市）がルーツで、一般には藤原北家で関白藤原道兼の曾孫宗円が下野に下向して土着したものというが、下野の古代豪族毛

野氏の末裔という説もあり、いま一つはっきりしない。平安末期にはすでに下野の有力氏族で、朝綱の時に源頼朝に仕えて、以後戦国時代まで栄えた。一族の数は多く、主なものに、八田、小田、小幡、茂木、宍戸、山鹿、塩谷、笠間、横田、西方、壬生、落合、刑部、今泉などがある。

◎小山

下野国都賀郡小山荘（小山市）がルーツで、藤原北家秀郷流の後裔。朝政は源頼朝に仕えて下野守護となる。以後代々下野の守護を世襲し、一時播磨の守護も兼ねた。室町時代に勢力は衰え、戦国時代は北条氏に属していた。一族は多く、高柳、下河辺、長沼、結城、薬師寺、下妻、山川などの諸氏がある。

◎皆川

下野国都賀郡皆川（栃木市）がルーツ。もともと鎌倉時代初期から同地を開発した藤原姓足利氏の一族の皆川氏がいたが、承久の乱後没落。これにかわって長沼氏一族の宗員が皆川を領して皆川氏と名乗り鎌倉幕府の御家人となった。江戸時代には常陸府中藩（茨城県石岡市）1万石を立藩したのち、子孫は旗本や水戸藩士となっている。

◆珍しい名字

◎生田目

栃木県を中心に、茨城北部、福島南部にかけて「なばため」「なまため」という名字が分布している。ルーツは益子町の地名で生田目と書き、読み方は「なばため」である。名字でも生田目が中心だが、その他にも名畑目、那波多目など、いろいろな書き方がある。なかには天女目のように、なぜこういう書き方をするのかよくわからないものもある。

◎四十八願

これで「よいなら」と読む超難読名字。戦国大名佐野氏の家臣にも四十八願という名字の人物がおり、現在でも佐野市に集中している。由来は、仏教の無量寿経ある四十八願という言葉だろう。

〈難読名字クイズ解答〉

①あたらし／②いかはた／③おおまみゅうだ／④けぶかわ／⑤さざらし／⑥じそじ／⑦しとり／⑧たけし／⑨たなあみ／⑩たなべ／⑪とくじら／⑫はすみ／⑬ほぼ／⑭よいなら／⑮よべ

II

食の文化編

米 / 雑穀

地域の歴史的特徴

1682（天和2）年には戸板山が地震で崩れ、鬼怒川上流の男鹿川（おじか）がせき止められて五十里湖ができた。国によって開削され、1885（明治18）年に完工した那須野ヶ原の那須疏水などとともに、その後の米づくりに大きく貢献した。

1822（文政5）年には、二宮金次郎（尊徳）が小田原城主・大久保忠真の命で大久保家分家の宇津家桜町陣屋に到着した。「尊徳作法」によって農村の振興に努め、領内の収穫高を10年間で3倍にした。

1873（明治6）年6月15日には栃木県と宇都宮県が合併し、おおむね現在と同じ県域の栃木県が成立した。トチノキと実が豊富なことが県名の由来である。トチノキの実は古い時代から貴重な食物だった。同県は6月15日を「県民の日」と定めている。県庁は当時の栃木町に置かれた。県庁が栃木から宇都宮に移転したのは1884（明治17）年である。

栃木県の夏は日中は30℃を超えて暑い日が続くが、夜間は気温が下がり過ごしやすくなる。夜間に気温が下がるのは、栃木名物ともいえる雷を伴った夕立のためである。昼夜の温度差の大きいことが「とちぎ米」の味につながっている。

コメの概況

栃木県における水田率は78.0％で、関東地方では最も高い。水稲の作付面積は、関東地方で茨城県に次いで2位、収穫量は茨城県、千葉県に次いで3位である。米づくりは、那須野原や、鬼怒川、思川、渡良瀬川の流域地域などが中心である。

水稲の作付面積、収穫量の全国順位はともに8位である。収穫量の多い市町村は、①大田原市、②宇都宮市、③那須塩原市、④栃木市、⑤真岡市、⑥さくら市、⑦小山市、⑧高根沢町、⑨日光市、⑩芳賀町の順である。県

内におけるシェアは、大田原市12.1％、宇都宮市11.1％、那須塩原市8.1％、栃木市7.0％などで、県北から県南にかけて満遍なく広がっている。

栃木県における水稲の作付比率は、うるち米98.3％、もち米1.3％、醸造用米0.4％である。作付面積の全国シェアをみると、うるち米は4.0％で全国順位が8位、もち米は1.3％で19位、醸造用米は1.1％で岩手県、岐阜県と並んで19位である。

陸稲の作付面積の全国シェアは24.6％、収穫量は26.9％で、ともに茨城県に次いで2位である。

県南部の栃木市、小山市、足利市などでは、コメを収穫した後の田を麦をつくる畑として活用する二毛作が行われている。これらの地域の水田は水を抜くとよく乾くため、湿った土がきらいな麦に適している。

知っておきたいコメの品種

うるち米

（必須銘柄）あさひの夢、コシヒカリ、なすひかり、ひとめぼれ、ミルキークイーン

（選択銘柄）あきだわら、ササニシキ、新生夢ごこち、とちぎの星、とねのめぐみ、にこまる、日本晴、ヒカリ新世紀、ほしじるし、みつひかり、ゆうだい21、夢ごこち、夢の華

うるち米の作付面積を品種別にみると、「コシヒカリ」が最も多く全体の69.2％を占め、「あさひの夢」（22.1％）、「なすひかり」（4.3％）がこれに続いている。これら3品種が全体の95.6％を占めている。

- **コシヒカリ** 2015（平成27）年産の1等米比率は89.7％だった。県北産の「コシヒカリ」の食味ランキングは最近では、2013（平成25）年産以降、最高の特Aが続いている。

- **あさひの夢** 愛知県が「あいちのかおり」と「月の光×愛知65号」を交配して1996（平成8）年に育成した。「旭米」の性質を受け継いだ、改良した人の夢が実現した品種であることに因んで命名された。県南部を中心に栽培されている。2015（平成27）年産の1等米比率は97.0％ときわめて高かった。県南産の「あさひの夢」の食味ランキングはA'である。

- **なすひかり** コシヒカリと「愛知87号」を交配し2004（平成16）年に育成した栃木オリジナルの早生品種である。県北地域で多く栽培されている。2015（平成27）年産の1等米比率は86.8％だった。県産の「なすひかり」の食味ランキングは特Aだった年もあるが、2016（平成28）年産はAだった。
- **とちぎの星** 「栃木11号」となすひかりを交配し、育成した。2014（平成26）年産に登場した。さまざまな災害にも打ち勝ち、さん然と輝く、栃木の星になってほしいという期待を込めて命名された。2015（平成27）年産の1等米比率は96.2％ときわめて高かった。県南産の「とちぎの星」の食味ランキングは特Aだった年もあるが、2016（平成28）年産はAだった。

もち米

（必須銘柄）ヒメノモチ、モチミノリ
（選択銘柄）きぬはなもち
　もち米の作付面積の品種別比率は「モチミノリ」が全体の84.6％と大宗を占めている。
- **モチミノリ** 栃木県の水稲もち米の奨励品種は1991（平成3）年から「モチミノリ」である。モチミノリは、縞葉枯病抵抗性や収量性が高く栽培しやすい品種と栃木県などは説明している。

醸造用米

（必須銘柄）五百万石、とちぎ酒14、ひとごこち
（選択銘柄）美山錦、山田錦
　醸造用米の作付面積の品種別比率は「山田錦」が最も多く全体の50.0％を占め、「五百万石」（25.0％）が続いている。この2品種が全体の75.0％を占めている。

知っておきたい雑穀

❶小麦
　小麦の作付面積の全国順位は14位、収穫量は12位である。主産地は、小山市、宇都宮市、真岡市、栃木市、さくら市などである。主にうどんに

56

使われる。麦は乾燥した土地でよく育つ。栃木県で麦の生産が盛んなのは、冬、晴れて乾燥した日が続くためである。

❷二条大麦

二条大麦の作付面積の全国シェアは23.7％で佐賀県に次いで2位だが、収穫量は31.8％となり1位である。栽培品種は「スカイゴールデン」「とちのいぶき」「サチホゴールデン」などである。県内各地で広く栽培されている。作付面積が広いのは①栃木市（県全体の24.7％）、②小山市（13.8％）、③大田原市（10.6％）、④佐野市（10.4％）、⑤足利市（6.7％）の順である。長い間、ビールメーカーとの契約栽培が続いている。

❸六条大麦

六条大麦の作付面積、収穫量の全国順位はともに4位である。栽培品種は「シュンライ」などである。県内各地で広く栽培されている。作付面積が広いのは①壬生町（県全体の13.2％）、②鹿沼市（12.0％）、③益子町（10.0％）、④真岡市（8.4％）、⑤下野市（8.1％）の順である。

❹ハトムギ

ハトムギの作付面積の全国シェアは12.7％、全国順位は富山県、青森県に次いで3位である。収穫量の全国シェアは18.1％、全国順位は富山県に次いで2位である。栽培品種はすべて「あきしずく」である。小山市の作付面積が県全体の58.9％を占め、鹿沼市（22.6％）、佐野市（18.4％）と続いている。

❺そば

そばの作付面積の全国順位は8位、収穫量は秋田県と並んで6位である。主産地は日光市、小山市、鹿沼市、益子町、真岡市などである。

❻大豆

大豆の作付面積の全国順位は熊本県と並んで16位である。収穫量の全国順位は13位である。県内の全市町で栽培している。主産地は大田原市、栃木市、小山市、さくら市、宇都宮市などである。栽培品種は「タチナガハ」などである。

❼小豆

小豆の作付面積、収穫量の全国順位はともに10位である。主産地は栃木市、壬生町、大田原市、那須塩原市などである。

コメ・雑穀関連施設

- **那須疏水**（那須塩原市、大田原市）　安積疏水、琵琶湖疏水と並ぶ日本三大疏水の一つである。1885（明治18）年、矢板武、印南丈作らの手によって疏水本幹16.3 km が5カ月で開削された。那珂川を水源とし、現在は西岩崎頭首工から取水している。この上流に残る旧取水施設の東西の水門などは国の重要文化財に指定されている。水路開通後、那須疏水組合が組織され、水量割制が導入された。各開墾地の反別に応じ、引水権量が決まり、その量に応じて水路の維持管理費を負担し、引水権量内の開田は自由にした。

- **那須野ヶ原用水**（那須塩原市、大田原市）　那須疏水に、蛇尾川を水源とする蟇沼用水、新・旧の木の俣用水を統合したものである。これらの用水路は、1967（昭和42）〜94（平成6）年に実施された国営那須野原開拓建設事業によって施設が近代化し、統合によって相互利用されることになった。幹線、支線を合わせた用水路の延長は330 km に及ぶ。那須野ヶ原の4万ha を潤している。

- **佐貫頭首工**（塩谷町）　鬼怒川から取水するために塩谷町に築造した頭首工と、用水路は国営事業として9年かけて1966（昭和41）年に完工した。頭首工の全長は203 m、幹線導水路（共用区間）の延長は5.5 km、幹線水路（専用区間）の延長は14.9 km、受益地域は塩谷町のほか、さくら市、高根沢町、芳賀町、市貝町、真岡市、宇都宮市の田畑8,941 ha である。

- **勝瓜頭首工**（真岡市）　1975（昭和50）年に、鬼怒川下流部の5用水を統合して完工した。用水は、右岸では田川などから水を補給し、左岸では大谷川の黒子堰で上流部の水田地帯から還元水を補給して再利用している。9,400 ha の田畑を潤している。最大取水量は毎秒19 m^{3}である。

- **岡本頭首工**（宇都宮市）　鬼怒川中流部にあった8カ所の井堰を統合して1986（昭和61）年に建造され、翌年から運用を開始した。3,300 ha の畑地をかんがいするほか、上水道や工業用水も供給している。

コメ・雑穀の特色ある料理

- **カンピョウののり巻き**　カンピョウは、夕顔の果肉をひも状にむいて乾

燥させたものである。江戸時代に下野国壬生藩（現在の壬生町）の領主となった鳥居忠英が、前の領地だった近江国水口藩（現在は滋賀県甲賀市）から種を取り寄せ、栽培を奨励したのが始まりである。県の中央部から下野市を中心とした南部にかけて栽培され、国内生産量の90％以上を占めている。生産量が多いだけに消費量も多く、のり巻きのほか、卵とじなどにも使われる。

- **アユのくされずし**（宇都宮市）　那珂川、鬼怒川をはじめ、県内を流れる多くの川でその季節にアユやながかけられる。鬼怒川流域の宇都宮市上河内地区では、11月に行われる羽黒山神社の梵天祭に合わせてアユのくされずしをつくる。夏に獲れたアユを塩漬けしておき、祭りの1週間前に千切りのダイコンとご飯とともに漬け直す。

- **あっぷるカレー**（矢板市）　県内有数のリンゴの産地である矢板市で、商工会のまちおこし事業として県立矢板高校、矢板市との産学公連携で誕生した。甘酸っぱいリンゴとカレーの組み合わせが絶妙である。店ごとにアレンジしており、食べ比べも一興である。同市の「やいたブランド認証品」である。

- **五目めし**　かつては貴重だったカンピョウを使うため、祭りや農家の休日など特別な日につくられた。特産のカンピョウをはじめ、干しシイタケ、サヤインゲン、ニンジン、錦糸卵、刻みのりなど彩り豊かな材料を使う。渡良瀬川流域ではカモ肉の五目めしがごちそうだった。

コメと伝統文化の例

- **発光路の強飯式**（鹿沼市）　強飯は、人間界を訪れる神仏にごちそうを出してもてなす儀礼である。日光修験の名残を残す古典的な行事で、室町時代の延文年間（1356〜61）から行われている。会場の発光路公民館では山伏と強力が、祭りの代表者や来賓に高盛飯を強いる。開催日は毎年1月3日。

- **鹿沼今宮神社祭の屋台行事**（鹿沼市）　江戸時代、鹿沼宿は、江戸と日光を結ぶ重要な街道にあり、氏子や職員たちはけんらん豪華な彫刻屋台を制作した。白木屋台は、文政、天保の改革の芝居の禁止によって、屋台を彫刻で飾る氏子たちの心意気がうかがえる。開催日は毎年10月第2土曜日と日曜日。

- **間々田の蛇祭り**（小山市）　田植えを前に五穀豊穣などを祈願する祭りである。子どもたちが、長さ15mを超える竜頭蛇体の巨大な蛇を担ぎ「ジャガマイタ」の掛け声とともに町なかを練り歩き、間々田八幡宮で祈禱を受ける。境内の池に飛び込む「水飲みの儀」は見どころである。蛇体は七つの自治会ごとに、わらと草木を使って大人の指導で作成する。開催日は毎年5月5日。
- **城鍬舞**（大田原市）　1545（天文14）年、大田原資清が築城する際、農民に工事をさせ、完工すると農民を招いて祝宴を開いた。藤兵衛はその席で、鋤や鍬を持って踊り、参加者も輪に加わった。これ以来、宴会は毎年開かれるようになり、即興だった踊りは次第に舞踊化して伝承された。今は上石上神社に奉納される。開催日は毎年10月17日。
- **強飯式**（日光市）　日光山に奈良時代から伝わる独特な儀式で、輪王寺で行われる。山伏姿の強飯僧が、強飯頂戴人に山盛りの飯を差し出して「75杯、残さず食べろ」と責め立てる「強飯頂戴の儀」、頂戴人が儀式で授かった福を分けるため福しゃもじなどの縁起物を参拝者にまく「がらまき」などで構成されている。開催日は毎年4月2日。

こなもの

耳うどん

地域の特色

　関東地方の北部に位置し、海に面していない内陸県で、かつての下野国とよばれた地域である。東部には八溝山地、西部には那須・日光などの火山群や足尾山がある。北部には那須野原が広がり、南部は関東平野が開けている。江戸時代は、タバコ・和紙・かんぴょうなどの生産が多かった。現在の栃木市は、江戸時代には宿場町や麻の取引の中心地として栄えた。内陸地であるため、朝晩や夏冬の気温差が大きく、全体として降水量は少ないが、山地では冬の積雪が多い。夏場に雷が多く、冬は晴天の日が多い。明治維新後は、不毛の荒野であった那須野高原の開発が始まった。

食の歴史と文化

　広い農地や豊な水源に恵まれて、大消費地の東京に近いのでいろいろな農産物の生産量は多い。ハウス栽培に適したイチゴの研究は県独自の研究所を建設し、新種開発の研究に取り組み、トチオトメに代わる優良品質の新種も開発していて、生産量も品質の点でも全国的に優位な位置を占めることを狙っている。果物としてはナシ（幸水、豊水）、ブドウ（巨峰）の栽培にも力を入れている。ハウス栽培の優位性を利用して、冬のトマト栽培も盛んである。米については「穂の香」は有名であり、食用やビールの原料としての麦の栽培も盛んに行われている。

　日本独特のカンピョウはヒョウタン科に属するユウガオの果肉から作る。原産地はアフリカである。栃木県でカンピョウの生産が盛んになったのは江戸時代以降である。正徳2（1712）年に、水口城主の鳥居伊賀之守忠英は下野国（栃木）壬生城に転封になったとき、郡奉行・松本藤右衛門に命じて、近江（現 滋賀県）の木津の種子を持たせた。これによって、栃木がカンピョウの生産が盛んになったという話がある。当時は木津のカンピョウは美味しさで定評があったといわれている。

栃木のブランド野菜で、日光の「水掛菜」、宇都宮の「新里ネギ」、栃木市の「宮ネギ」は古くから栽培されている伝統野菜でもある。

　代表的な郷土料理「しもつかれ」は、初午の日に食べる。これは、サケの頭・すりおろした根菜・大豆・酒粕などを入れた煮物である。正月に残ったサケの頭を利用して動物性たんぱく質を摂るとともに、正月に不足したいろいろな野菜の摂取ができるという栄養バランスのよい料理である。

　水田の少ない北部では、「いもぐし」というサトイモの料理を食べる。米の代用にサトイモからデンプンを摂取するという生活の智恵から生まれた料理である。サトイモを串に刺して味噌ダレをつけて焼いたものである。

　日光は京都と並ぶ湯葉の産地で、古くから煮物、佃煮、吸い物の具に使われている。湯葉の呼び名は、老婆のシワに似ているから湯婆に転化し、さらに湯葉となる。日光の湯葉は、安土桃山時代の天正年間（1573〜92）頃に、禅寺の精進料理や茶会に用いられたとする説がある。日光湯葉は厚みがあり男性的で、京湯葉は薄く女性的であるといわれている。

知っておきたい郷土料理

だんご・まんじゅう類

①じゃがいももち

　栃木県塩谷郡栗山村川俣（現日光市川俣）の郷土料理。この地域でのジャガイモの収穫期は8、9月である。この時期の夕食には、とれたてのジャガイモに小麦粉かそば粉を入れて搗いて餅のような粘りのある「じゃがいももち」を作る。この川俣地区では、ジャガイモだけを使い「いっそ」「いっそもち」とよんでいる。

　搗きたての「じゃがいももち」は、握って丸め、じゅね味噌（炒ったエゴマをすり、味噌と砂糖で調味したもの）をつけて食べる。冷めた「じゃがいももち」は素焼きのほうろくに入れ、囲炉裏の火で焼いてからじゅね味噌をつけて食べることもある。「じゅね」は「エゴマ」のことで東北地方でも利用されている。エゴマが古くから健康食として利用されているのはエゴマの油脂成分には α - リノレン酸が多く含まれているからである。

②こうせんもち

　栃木県塩谷郡栗山村川俣（現日光市川俣）の郷土料理。栗と香煎（炒っ

た大麦の粉）を混ぜた、冬のおやつ。かち栗（干して硬くなった栗）を鍋で煮て、栗を軟らかくし、臼の中で香煎と混ぜ合わせて搗いてから、丸くだんごのように握ったものである。食事代わりや間食に利用する。

③栗じゃが

かち栗と皮をむいた丸いジャガイモを鍋の中に入れ、軟らかくなるまで煮る。軟らかくなった栗とジャガイモを臼に入れて搗き、丸くだんごのような形にしたもの。こうせんもちも栗じゃがも、何もつけないで食べる。

④ちゃのこ

栃木県安蘇郡葛生町仙波（現佐野市仙波町）の郷土料理。米粉と小麦粉で作るだんごで、彼岸、送り盆（6個のだんごを作る）、十日夜の一二重ねの餅や饅頭にもする。十日夜は収穫をねぎらう祝いの日のことで、栃木県ではハレの日として餅を重ねて祝う。

とれたての米のうち、くず米（ときには、上米粉）を石臼で挽いて粉にし、湯をかけて練り上げ、直径3cmほどのだんごをつくる。丸いだんごは仏様に供え、供えないものは、指でへこみをつけておく。食べ方は、茹でて甘い小豆をまぶすか、ナスとインゲンのゴマ和えをまぶして食べる。

⑤せっかちもち

栃木県安蘇郡葛生町仙波（現佐野市仙波町）の郷土料理。夏に腐りやすい麦飯を翌日まで保存する食べ方として考えられたもの。栃木県両毛地区は、7月の末になると生長した麻を引き抜き、切りそろえる。これを「麻きり」という。この時期は暑い盛りで、多くの人手と労力を要するので、毎日、10時と15時の仕事休みに、この「せっかちもち」を食べる。夏の夕食後、毎晩のように作っている。残った麦飯に、小麦粉を混ぜ、お湯を加えて練り上げ、平たいまんじゅうのような形にして、茹でて、あるいは焼いておく。食べ方は、砂糖を加え甘辛くした醤油だれをつけて食べる。

⑥ゆでまんじゅう

小麦粉で作ったまんじゅうの生地で、小豆餡を包み、たっぷりの熱湯で茹でたまんじゅうである。

お焼き・焼きおやつ・お好み焼き・たこ焼き類

①ほど焼き

ふだんのおやつに作る。小麦粉を弾力のあるようになるまで練り、ねかせてからネギ味噌や小豆のつぶ餡を混ぜて平べったい円形の形にして、囲炉裏の焼き灰に埋めて焼く。焼き上がったら灰を払って食べる。

②たらしもち

小麦粉に水を加えて軟らかく溶き、熱くしたフライパンに広げて焼く。食べ方は醤油や砂糖をつけて食べる。子どもたちの間食として作られる。

麺類の特色

「耳うどん」が有名である。生地を打つときは、通常のうどんに比べれば打ち粉をあまり使わない。うどんの食感とはやや異なる。だしは関東風のだしより少し甘めの濃い醤油味である。

めんの郷土料理

①耳うどん

耳に似せた麺を使うことから、この名がある。佐野、桐生、館林の正月の粉食料理の一つ。具は伊達巻、蒲鉾を使い、ユズの香りでアクセントをつけている。うどんの汁は甘めの醤油味である。

②どじょうむぐり

冬の夜の煮込みうどんで、具はダイコン、タイサイ、ネギを使う。味噌味の汁に入った麺がドジョウのもぐる様子に似ており、この名がある。

③ダイコンうどん

農休みや祭りに作るうどんで、ダイコンと一緒に茹で上げたうどんである。幅広くひいたダイコンは、量をふやすために作って、うどんの中に入れる。みそ汁に入れて食べる。そばの場合は醤油の汁に入れて食べる。

④麦切り

大麦の粉で作る太めの麺で、けんちん汁に入れて食べる。

⑤しっぽくそば

山鳥の肉や骨を「しっぽく」とよんでいる。正月や盆に作る。山鳥の肉や骨を入れて煮込んだ汁（味噌味、醤油味）を、冷たいそばにかける。

▶「とちおとめ」が支える全国首位のイチゴ生産

くだもの

地勢と気候

栃木県は北関東の真ん中に位置する。北西部に白根山、男体山など標高2,000 mを超える山地があり、北東部なだらかな八溝山地である。これらに挟まれた中央部が平地で、北から南に緩やかに傾斜している。

気候は湿潤温帯気候の太平洋側気候区に属すが、内陸型気候に近く、昼夜間の気温差が大きい。冬季は北西季節風の影響で、山地では雪が降りやすいが、量は多くない。平地では、冬は乾燥した晴れの日が多いが、空っ風が吹き、朝の寒さが厳しい。夏季は山地で降水量が多く、雷も多い。

大消費地である首都圏の一角で、東北縦貫自動車道や北関東自動車道などが通り、農産物の流通では有利な位置にある。県都の宇都宮から東京まで東北新幹線で1時間である。

知っておきたい果物

イチゴ 栃木県は作付面積、収穫量ともに日本一のイチゴ生産県である。収穫量は2万5,400トンで、2位の福岡県（1万7,200トン）を大きく引き離している。全国シェアは15.5%である。栃木県は1968（昭和43）年以降連続して収穫量1位の座を保っている。作付面積は603ha、産出額は259億円で、これらも福岡県を大きく上回り、首位である。

その主役は「とちおとめ」である。大粒品種のとちおとめは、1996（平成8）年に栃木県農業試験場で開発された。これを武器に、2006（平成18）年には「いちご大国とちぎ」を宣言し、全国をリードするイチゴ産地になっている。とちおとめは関東各県から東北を中心に広く栽培されている。香港、タイ、シンガポールなどに輸出もされている。

栃木県にイチゴが導入されたのは戦後である。産地としては、1957（昭和32）年に姿川村（現宇都宮市）と御厨町（現足利市）で集団栽培されたのが始まりである。1960（昭和35）年代の後半には、それまで5月～6

月に出荷されていたイチゴが技術開発によって2月に出荷できるようになった。

1985（昭和60）年には、栃木県が「女峰」を開発した。これによって、クリスマス時期のイチゴの出荷が実現した。1987（昭和62）年に夜冷育苗施設を導入してからは出荷開始が11月上旬まで早まり、農家の収益性が向上した。

栃木県農業試験場イチゴ研究所は、とちおとめよりさらに大粒なイチゴ「i27号」を開発し、2014（平成26）年に品種登録を受けた。この品種は、品種登録前の2012（平成24）年に「スカイベリー」という名称で商標登録を受けている。一般公募して決定した名前には「大空に届くようなすばらしいイチゴ」との意味が込められている。栃木、群馬両県にまたがる日本百名山の一つ皇海山にもちなんでいる。

スカイベリーの果実は大きく、果実の3分の2は、25g以上である。果形は円すい形である。早生種で11月下旬から収穫でき、1、2月頃の出荷が多い。県は2015（平成27）年産から一般栽培が始まったスカイベリーを栃木イチゴの新しい担い手として期待を寄せている。

栃木県内のイチゴ栽培は県内各地に広がっているものの、県中南部の芳賀地方、上都賀地方、下都賀地方が大産地である。市町村別の作付面積では、真岡市、栃木市、鹿沼市、壬生町、小山市の順である。

これとは別に、日光市、那須町、那須塩原市など夏季に冷涼な県北部の標高500m以上の地域では、「とちひとみ」が栽培されている。「とちひとみ」は、四季を問わず花を咲かせ実を付ける「四季成り性」があり、国内産のイチゴが少なくなる夏から秋にかけて東京市場を中心に出荷している。

「とちおとめ」の出荷時期は10月中旬～6月上旬である。

日本ナシ　ナシの栽培面積の全国順位は5位である。収穫量の全国順位は、千葉県、茨城県に続いて3位である。品種は「幸水」(42.6％)と「豊水」(35.8％)で8割近くを占め、これらに「にっこり」(11.0％)、「あきづき」(5.7％)、「おりひめ」(0.5％)と続いている。

ナシの主産地は、宇都宮市、高根沢町、芳賀町、大田原市、佐野市、鹿沼市、小山市、那須烏山市などである。出荷時期は、ハウス物の「幸水」が7月、「おりひめ」が8月上旬から、ハウス物以外の「幸水」が8月中旬から、「豊水」は9月中旬から、「にっこり」は10月中旬からである。

出荷時期は全体として8月中旬～12月中旬である。

　「にっこり」は栃木県のオリジナル品種である。1984（昭和59）年に栃木県農業試験場で、「新高」と「豊水」を交配して生まれた実から選抜して育成された赤ナシである。1996（平成8）年に品種登録された。国際観光地の日光と、ナシの中国語「リー」から名付けられた。果実の重さは、850g程度の大玉で、なかには1.3kgを超えるものもある。収穫は10月中旬～11月中旬の晩生種だが、貯蔵性が高いため、冷暗所で約2か月間貯蔵しておけば、年末年始の贈答品に使え、正月の食卓にも出せる。2004（平成16）年から、マレーシア、香港、タイ、シンガポールなど東南アジアを中心に輸出もしている。

キウイ

キウイの栽培面積、収穫量の全国順位はともに8位である。収穫量の全国シェアは2.9％である。主産地は小山市、大田原市、宇都宮市などである。

リンゴ

リンゴの栽培面積、収穫量の全国順位はともに10位である。栃木県産リンゴの品種を栽培面積でみると、「ふじ」が全体の51.9％を占め、主力品種になっている。これに、「つがる」（5.8％）、「陽光」（5.1％）、「ジョナゴールド」（3.8％）と続き、「秋映」「シナノスイート」「ぐんま名月」の3品種が3.2％ずつである。

　リンゴの主産地は矢板市、宇都宮市、さくら市、鹿沼市、益子町などである。収穫は9月上旬～11月下旬頃で主力のふじは11月中旬～下旬である。

ブドウ

ブドウの栽培面積の全国順位は19位、収穫量は20位である。栽培面積を品種ごとにみると、「巨峰」が78.9％、「キャンベル・アーリー」が9.2％、「ピオーネ」が3.9％で、「シャインマスカット」は0.9％にすぎない。シャインマスカットは、栃木県には2009（平成21）年に初めて導入された。主産地は栃木市、小山市、宇都宮市などである。出荷時期は4月下旬～10月中旬である。

　栃木市大平町には観光ぶどう園が多い。とちぎ農産物マーケティング協会は下都賀のブドウを「とちぎ地域ブランド農産物」に認定している。

ブルーベリー

ブルーベリーの栽培面積の全国順位は16位である。観光摘み取りや直売所向けとして、栽培面積は増加傾向にある。収穫量の全国順位は12位である。栽培品種は、「ハイブッシュ」系と「ラビットアイ」系で、比率は前者が70％、後者が30％である。主

産地は宇都宮市、大田原市、佐野市、茂木町などである。

クリ　クリの栽培面積の全国順位は8位、収穫量は9位である。主産地は宇都宮市、那須烏山市、さくら市などである。

ウメ　ウメの栽培面積の全国順位は16位、収穫量は24位である。主産地は那須烏山市、宇都宮市、那須塩原市などである。

桃　桃の栽培面積の全国順位は32位、収穫量は27位である。主産地は佐野市、足利市、さくら市などである。

カキ　カキの栽培面積の全国順位は38位、収穫量は41位である。主産地は大田原市、那須塩原市、那須烏山市、那須町などである。

スモモ　スモモの栽培面積の全国順位は18位、収穫量は20位である。主産地は那珂川町、佐野市、宇都宮市などである。

ユズ　ユズの栽培面積の全国順位は16位、収穫量は15位である。主産地は茂木町、宇都宮市、足利市などである。

ギンナン　ギンナンの栽培面積の全国順位は16位、収穫量は15位である。主産地は大田原市などである。出荷時期は10月中旬〜12月下旬である。

メロン　栃木県のメロン栽培は、1965年（昭和40）年頃、真岡市で始まった。当時は「プリンスメロン」が中心だった。現在の栽培品種は「クインシー」「タカミ」「オトメ」などで、「クインシー」が多い。ほとんどがハウス利用の半促成栽培で、5月下旬〜7月上旬頃に収穫される。主産地は真岡市や芳賀町である。とちぎ農産物マーケティング協会は芳賀のメロンを「とちぎ地域ブランド農産物」に認定している。

地元が提案する食べ方と加工品の例

果物の食べ方

とちおとめのシェイク（JA全農とちぎ）
　卵黄2個分と砂糖10gをよく混ぜ、温めた牛乳200ccを合わせて弱火にかけ、とろみがついたら裏ごしして冷ます。イチゴ、牛乳、生クリームを入れてミキサーに。

巨峰のゼリー添え（一般社団法人とちぎ農産物マーケティング協会）
　粉ゼラチンをふやかして湯せんにかけ、温めたグレープジュースと混ぜ

て冷やす。固まったら器に入れ、皮をむき赤ワインをかけた巨峰を盛る。

にっこり梨のポートワイン煮（一般社団法人とちぎ農産物マーケティング協会）

　皮をむいてスライスしたナシを鍋に入れ、ワイン、砂糖、レモンスライスなどとともに煮る。冷たくして皿に盛りシナモンをかける。

りんごのスイートポテト（一般社団法人とちぎ農産物マーケティング協会）

　サツマ芋をクチナシの実を入れて煮、別の鍋に移して牛乳と一緒につぶしながら煮る。干しブドウと一緒に煮たリンゴ、バターを入れる。

メロンポート（一般社団法人とちぎ農産物マーケティング協会）

　横半分に切ったメロンの果肉をくり抜き、器にする。残りは一口にして、くり抜いた果肉とともに器に盛り付け、ポートワインを振りかける。

果物加工品

- ナシジュース　JA 佐野果樹部会
- 苺ジュース　西方町農産物生産組合

消費者向け取り組み

- 佐野フルーツライン直売組合　佐野市
- 益子観光いちご団地　JA はが野

魚　食

地域の特性

　栃木県は、関東北部に位置し、茨城県、福島県、群馬県との境が山地によって囲まれていて、南部地方は平地である。内陸部であるため朝晩の気温の差が大きく、山地の冬は積雪が多い。男体山の噴火によってできた堰止湖の中禅寺湖がある。県内には、中禅寺湖を源とする大谷川、鬼怒沼を源とする鬼怒川、那須岳を源とする那珂川が流れている。

魚食の歴史と文化

　栃木県の代表的神社の東照宮は、徳川家康を祀る神社として、家康の死後1617年に家康の息子である2代将軍・秀忠によって創建された。現在の社殿は1634〜36年に、3代将軍・家光によって再建されたものである。男体山の麓にある「二荒山神社」は栃木の旧国名の下野国にあることから、食文化の面では下野国の名がついた料理がある。那須野ヶ原以南に広大な平野があるが、産物には特別な特徴はなかった。昔は日光街道と江戸との交流のできるルートがあったから、地域外からの物質の流入があった。サケを使う郷土料理の「しもつかれ」からも、地域外から食べ物を取り寄せていたことが理解できる。

知っておきたい歴史と文化

地域の魚

　栃木県には男体山の噴火によって生じた堰止湖の中禅寺湖がある。中禅寺湖、那珂川、鬼怒川を中心として淡水漁業が発達し、ニジマスやアユの養殖が行われている。これらの河川には、ヒメマス、イワナ、ヤマメ、アユ、ニジマス、ウグイなどが生息している。

伝統料理・郷土食品

①しもつかれ

　旧下野国の代表的郷土料理である。魚を使った郷土料理が「しもつかれ」または「すむつかり」といわれる料理である。鎌倉時代から延々と続いている郷土料理である。正月の残りもののサケの頭を使った料理である。塩ザケの頭・炒りダイズ・「鬼卸し」という「おろし器」で粗くおろしたダイコン・酢の組み合わせである。正月ののこりものの塩ザケの頭、節分の炒りダイズの残り、鬼おろしで粗くおろしたダイコンおろし、ニンジン、油揚げ、昆布、酒粕を大鍋に入れ、醤油・味噌・砂糖で調味し、煮込んだもの。残り物を使うところに、ものを大切にする心の入った郷土料理である。

②川魚料理各種

　川魚料理　那珂川、鬼怒川、渡良瀬川、中禅寺湖で獲れるコイ、フナ、ニジマス、ヒメマス、アユ、ヤマメ、イワナなどの川魚料理がある。

- コイの野洲焼き　コイは筒切りにして、味噌・醤油・酒で煮込む。
- フナのアイソ　川魚は、白煮して臭みを除いてから甘露煮する。
- アユのくされずし　中央部の上河内村では、11月の秋祭りに作る。夏には那珂川・鬼怒川のアユが旬となる。
- あゆ飯　アユを醤油・酒で味付けたご飯と一緒に炊き込む。
- ナマズの味噌団子　ナマズのすり身に味噌を加え、団子にしたもの。味噌の風味でナマズの川魚特有のくさみが緩和される。
- ナマズの天ぷら　河川沿いの地域の名物料理。ナマズを腹開きして天ぷらにする。淡白であっさりした味。
- フナの丸揚げ・フナの甘露煮　甘露煮は3日間ほど白煮してから甘露煮とする。
- ヤマメ・イワナ　春に美味しくなる。塩焼き・魚田・酢味噌和え。
- 川マスの日光焼き　日光周辺でとれる川マス料理。腹を開き、内臓を除き、そこに木の芽味噌を詰め、シソの葉で巻いて油を塗り、天火で焼く。
- ますずし　マスを酒酢で締め、麻の実・刻みショウガを混ぜたすし飯を腹に詰めて、笹の葉で巻く。馴れずしと早ずしの中間のすし。

肉　食

大好き栃木弁当

▼宇都宮市の1世帯当たりの食肉購入量の変化（g）

年度	生鮮肉	牛肉	豚肉	鶏肉	その他の肉
2001	33,213	5,430	15,804	9,242	1,380
2006	31,506	4,794	15,229	8,929	1,470
2011	34,129	4,527	16,584	10,875	917

　栃木県は関東地方の北部に位置し、茨城県との間に八溝山地、北の福島県と西の群馬県との境に那須連山・帝釈山地・足尾山地が連なる。山の麓や平地など自然環境を活かしてウシやブタの飼育が行われている。

　山地が多いためイノシシやシカも多く棲息している。山林の開発により山野に餌がなくなったために、農家や民家の田畑に被害を及ぼすようになった。東日本大震災に伴う東京電力の福島第一原子力発電所の事故による放射性物質の拡散は、栃木県の山地にも及び、その放射性物質により野生のイノシシやシカも汚染され、捕獲しても利用できない状況である。

　購入量の割合をみると豚肉が約50％を占めている。生鮮肉の購入量に対する牛肉の購入量の割合は数パーセントの増加がみられ、豚肉についてわずかに増加がみられる。鶏肉については茨城県とは大きな差がない。その他の肉については、栃木県は茨城県よりも野生動物の住処である森林地帯が多いことが考えられる。いずれの年代も牛肉の購入量の多い年は豚肉の購入量が少なく、牛肉の購入量が少ない年代は豚肉の購入量が多い傾向がみられる。

　栃木県の有名な料理には餃子がある。第二次世界大戦後、中国から引き揚げてきた人々の中で、餃子を作ったのが普及したといわれている。餃子の具に欠かせないのがひき肉である。ひき肉は豚肉と牛肉の組み合わせで、豚肉と鶏肉も組み合わせるから、豚肉の購入量は多くなる。

　栃木県の宇都宮市民は餃子の消費量で他の地域の人々に負けないほどに、宇都宮餃子を日本一の餃子にすべく市民全体で協力していると聞いている。餃子の具には肉は欠かせない。その食肉の種類は、各家庭で異なる。

　凡例　生鮮肉、牛肉、豚肉、鶏肉の購入量の出所は総理府発行の「家計調査」による

知っておきたい牛肉と郷土料理

　栃木県は、日光連山を背にした台地や那須野原台地などをウシの肥育に適した環境に開発し、銘柄牛を肥育している。関東農務省のホームページには、酪農協同組合や社団法人の観光物産協会が運営している「家畜ふれあい牧場・畜産物加工体験のできる公共牧場」など食肉や食肉加工品のPRとテーマパークもある。

銘柄牛の種類

宇都宮牛、島根和牛、とちぎ和牛、朝霧高原牛、白糠牛、那須高原牛、那須高原乙女牛、神明マリーグレー、前日光牛、とちぎ霧降高原牛、とちぎ高原和牛、おやま和牛、かぬま和牛、さくら和牛、大田原牛など。

❶日光和牛

　日光連山のふところにいだかれ、深い霧に覆われた幻想的な世界の清潔な環境のもとで肥育され、まろやかで風味のある肉質である。生鮮肉として料理に使われるほか、ハム・ソーセージなどの加工品の原料ともなっている。

❷前日光和牛

　日光連山を背にした高地で、丹精を込めて肥育している。この地域は、鬼怒川・那珂川の清流が南北に流れ、自然に恵まれ、稲作・麦作地帯の土地である。この良質の水と土壌に恵まれた土地でストレスを受けない自然の環境のもとで肥育されている。肉質は軟らかくうま味のある牛肉はステーキ、すき焼きに適しているが、ひき肉のハンバーグも絶品である。

❸宇都宮牛

　栃木県宇都宮市を中心とした地域で飼育している。黒毛和牛で、神戸牛や松阪牛と同様に高級な肉との評価がある。肉質は、肉の部分も脂の部分も甘味がある。肥育については、生産者農家全員が統一マニュアルに従って行われている。どこの部位も上質で軟らかい。もも肉にもサシが入っているのが特徴である。すき焼き、焼肉、しゃぶしゃぶ、ステーキなどによい。

❹おやま和牛

　栃木県小山市地域で飼育している黒毛和牛である。小山市内で生産された黒毛和牛の中で、肉質のAまたはBランク以上のものが「おやま和牛」

と認められているので、ほかの銘柄牛に負けない美味しい肉である。爽やかな香りと甘みとうま味のある肉質の評判はいい。小山市内の広大な水田で栽培したイネの藁や大麦が餌として利用されているのも特徴である。すき焼きや野菜などとの鍋料理に最適である。

❺とちぎ和牛、とちぎ和牛匠

栃木県内で飼育している「とちぎ和牛」の中で、さらに厳しい基準をクリアした黒毛和牛。「とちぎ和牛」のプレミアムブランドとして誕生した。脂肪交雑基準（BMS）が、A 等級のみで、さらに厳しい基準をクリアした極上の霜降り肉のものをもっているウシ。肉質の霜降りはきめ細かなサシが入りうま味もあるもの。軽く炙って脂を少々落とし、温かいうちに天然塩をつけて食べるのがうま味も分かる美味しい食べ方である。

❻日光高原牛

栃木県全域で飼育。ホルスタイン種の雌に、黒毛和牛の雄を交配して生まれる交雑種の牛肉。指定された生産者が、専用の配合飼料を与え、衛生管理の整った環境の牛舎で、きめ細やかに管理飼育されたウシ。肉の品質が常に安定している。かるく炙った焼肉に天然塩をつけて食べるのが美味しい。

牛肉料理　おやま和牛の「牛めし」、とちぎ和牛の「すき焼き」、大田原牛のステーキなどがある。

- **川の幸と霧降高原ステーキの丼**　とちぎ霧降高原牛と季節の川魚を盛り込んだぜいたくな丼物で、だし茶をかけて食べる。

知っておきたい豚肉と郷土料理

栃木県の農政局畜産課は、2006 年に、栃木県の豚肉の安全性・栄養価などの PR のために栃木県銘柄豚を生産する計画を県内のブタの生産者に示した。銘柄豚を飼育している養豚場の数は20以上もある。ブランド名については制約がなく、現在22銘柄がある。

銘柄豚の種類　黒須高原豚、黒須こくみ豚、みずほのポーク、とちぎ LaLa ポーク、日光ユーポーク、エースポーク、小山の豚、あじわい健味豚、ヤシオポーク、千本松ポーク、千本松豚、那須野ポーク、笑顔大吉ポーク、日光 SPF 豚、みや美豚、ゆめポーク、しもつけ健康豚、さつきポーク、瑞穂のいも豚、日光ホワイトポーク、栃木産

平牧三元豚、郡司豚など。

❶小山の豚「おとん」

　栃木県小山市地域を中心に飼育。小山市内の養豚農家が丹精をこめて飼育している。赤身肉は、軟らかく、ジューシーな肉質で、脂には甘味がある。ほとんどの肉料理に向く。とんかつ、串焼き、味噌漬け、カレーの具、焼肉（生姜焼き）、肉じゃが、野菜炒めなど。那須・塩原エリアでの豚肉の味噌漬け、栃木・佐野・足利エリアの「おとん弁当」（焼肉弁当）は郷土料理となっている。

豚肉料理　　　焼き鳥が鶏肉の串焼きなら、「やきとん」は豚肉の串焼きである。栃木県内の宇都宮、小山など人口の多い街の繁華街では「やきとん」（焼きトン）の店が繁盛している。炭火焼の店、居酒屋では焼きトンを提供している。

　豚肉の食べ方として「しゃぶしゃぶ」と「すき焼き」を薦めている。豚肉の「しゃぶしゃぶ」と「すき焼き」は地産地消の料理としてアピールしている。

- **郡司豚ばら肉丼**　郡司豚と栃木産のニラ、かんぴょう、こんにゃくなどの具を集めて、飯の上にのせた丼物。
- **羽黒梵天丼**　地元の羽黒山と五穀豊穣・収穫を祝う秋の梵天祭りに作る。
- **佐野風豚ニラ丼**　地元「佐野ラーメン」の麺を揚げて、ご飯の上にのせて敷き詰め、その上に「那須三元豚」とニラの炒め物をのせる。
- **那須豚の焼肉丼**　地元の銘柄豚「ヤシオポーク」を南蛮味噌に漬けこむ。このときに矢板産のりんごのピューレを加えて、軟らかくしたものを炒め、丼飯にのせたもの。
- **那須高原豚の丼**　那須豚と高原野菜、栃木産かんぴょうをバジルライスにのせた丼。
- **栃木ぜいたく丼**　栃木ゆめポークのハンバーグ、佐野名水ゆば、仙波そば、寿宝卵の目玉焼き、芋フライなど地元の名物を満載した丼。
- **お好み焼き風丼**　栃木産のブタのバラ肉、キャベツなどを盛り込んだお好み焼きをのせた丼。
- **栃木辛味噌丼**　江戸時代から続く栃木の老舗味噌店「青源味噌」、エゴマ豚、ニラ、タマネギを辛味噌で炒め、どんぶり飯にのせたもの。
- **那須三元豚の彩丼**　那須三元豚で、春と夏は青葉の万能ねぎ、秋は錦糸

卵で紅葉をイメージし、冬はオニオンスライスと紅ショウガをのせて溶
岩をイメージしたものを、季節に合わせてどんぶり飯にのせたもの。
- **ゆめポーク丼**　栃木の銘柄豚「とちぎゆめポーク」を使った丼。
- **宇都宮餃子**　ご当地グルメ。第二次世界大戦中、宇都宮には中国の東北
部に駐屯していた陸軍第14師団の本部がおかれていたので、（昭和初期
に）終戦と共に、多くの復員兵が中国から宇都宮に戻った。本場中国の
餃子の味や作り方を伝えたのが始まりと言われている。焼き餃子だけで
なく水餃子、揚げ餃子も有る。豚肉とにら、キャベツ、にんにくなどの
具を、薄めの皮で包んだ餃子。フライパンに並べて餃子が半分ほど隠れ
る程度の水を入れて蒸し焼きにする。

知っておきたい鶏肉と郷土料理

鶏料理　　栃木県の地鶏「栃木しゃも」は、フランス原産のプレノアー
ルとシャモをかけあわせて開発された。栃木県の鶏料理として
は手羽先のから揚げ、串焼きが人気である。
- **栃木シャモ入りつみれ丼**　栃木しゃもと国産地鶏、シャモ半熟卵をのせ
た親子丼。

知っておきたいその他の肉と郷土料理・ジビエ料理

イノシシ肉・シカ肉　　日本ジビエ振興協議会のホームページによ
ると、栃木県の那珂川町の道の駅「はとう」
に隣接して野生動物の施設があり、猟師がイノシシやシカを捕獲した時の
みそれらを処理し、ジビエとして売るか、道の駅の食堂で食べられる。
- **イノシシ丼**　栃木県の那珂川町の「道の駅ばとう」に、栃木県内で捕獲
されたイノシシを原料とした「イノシシ丼」を提供している。スライス
したイノシシ肉を甘辛く味つけした後に、フライパンで焼いて丼ご飯に
のせたもの。臭みがなく、脂っこくなく、軟らかいとの評判である。

地　鶏

▼宇都宮市の 1 世帯当たり年間鶏肉・鶏卵購入量

種　類	生鮮肉（g）	鶏肉（g）	やきとり（円）	鶏卵（g）
2000 年	37,416	8,281	2,175	32,630
2005 年	32,372	7,887	2,315	29,200
2010 年	38,630	12,024	2,478	28,569

　栃木県は、広い農地と豊かな水資源に恵まれ、東京という大消費地が近いこともあって、各農産物の生産量は多い。晴天の日が多くハウス栽培に適しているので、「とちおとめ」「女峰」などのイチゴは県内で開発した品種であるが、関東地方では人気のイチゴとなっている。栃木県はこんにゃく、麦の栽培も盛んである。ナシでは、主に幸水や豊水の品種を生産しているが、果樹の品種改良が研究の得意分野であるためか独自のナシの品種「にっこり」も生産している。

　栃木県には、農業に適した平地がかなりあり、水にも恵まれている。そのために、栃木県の住民は、たいした苦労をせずに、農業を営むことができた。

　栃木県の北部の那須野原台地には、黒毛和牛の銘柄牛「とちぎ和牛」が放牧されているなど、那須野原台地を中心に和牛や乳牛の飼育が盛んである。栃木県が開発している銘柄鶏には、那須の神那どり、栃木しゃも、那須高原どり、錦どりなどがある。いずれも栃木県を取り囲む恵まれた自然環境の中で、運動量も豊富な健康で、食品衛生の面からみても安全で、食味も食感の良い銘柄鶏を目指して飼育し、出荷している。錦どりは、鳥すき、水炊きなどの鍋料理に最適な鶏といわれている。

　栃木県の県庁所在地宇都宮市の 1 世帯当たりの生鮮肉や鶏肉の購入量は、2000 年、2010 年では、茨城県の水戸市、埼玉県の浦和市やさいたま市のそれよりも多い。2005 年の生鮮肉や鶏肉の購入量が、2000 年と 2010 年のそれと比べると購入量が減少している。この理由は、鳥インフルエンザの感染と関係があったのかもしれない。

鶏卵の年間購入量は2000年よりも2005年が少なく、2005年よりも2010年が少ない。2011年の宇都宮1世帯当たりの鶏卵の購入量（28,493g）も少なくなっている。重要なたんぱく質源である鶏卵の摂取量減少は、ストレス社会で生き抜くためには問題となる。なぜなら、神経伝達物質の生成はたんぱく質が関係しているからである。

知っておきたい鶏肉、卵を使った料理

- **かんぴょうの卵とじ**　かんぴょうは、夕顔の未熟果肉をひも状に剥いて乾燥したもの。栃木県が全国1位の生産量をほこる。庭先でのれんのように干されるかんぴょうは、栃木県の夏の風物詩。

- **日光のオムレツライス**　日光は明治、大正時代にも海外の要人が訪れたリゾート地で、昔から洋食が盛ん。西洋料理の明治の館などで食せる。

- **とて焼き**　那須塩原産の卵と牛乳を使ったほど良い厚みの丸く焼いた生地に、クレープのように具をはさみ、紙に巻いて食べる新しいご当地グルメ。生地はクレープでもパンケーキでもどら焼きでもないこだわりの生地。スイーツから惣菜系まで、各店で工夫した具が楽しめる。"トテ"とはトテ馬車のトテで、馬のリズムに合わせて御者が吹くラッパの音「トテー、トテトテッ」からきている。温泉街塩原の顔が"トテ馬車"である。

- **鶏めし弁当**　日光で150年続く老舗、油源のお弁当。じっくり煮上げた国産鶏肉を、日光の実山椒で香味焼きにし、茶飯の上に鶏そぼろ、錦糸玉子、栃木特産のかんぴょうとともにいただく有名なお弁当。

- **合い盛り**　ご飯と焼きそばを合い盛りにしたご当地グルメ。鶏がらスープ味のとろみの付いた野菜炒めを、ご飯とかた焼きそばを合い盛りにしたお皿に掛ける料理。うずらの卵が具に入る。ご飯と餡で中華丼風に食べて、かた焼きそばを混ぜて食べると、また新しい味が楽しめる。那須塩原で提供される。

- **鶏つくねと若竹煮**　タケノコの生産では、栃木県は関東一番の生産高を誇る。このタケノコと、鶏のひき肉を卵黄で団子にまとめたつくね、そしてわかめとの煮物。子供がタケノコのように真っすぐにすくすくと育つことを願って作る郷土料理。

卵を使った菓子

● **栃木路いちご街道**　完熟の栃木のイチゴ "とちおとめ" を独自製法でジャムにして白餡に練り込み、時雨種で包んだ蒸し菓子。卵たっぷりの蒸した生地を口に含むと、イチゴの香りと絶妙の酸味が美味しい新しい和菓子。栃木県はイチゴの生産量日本一。宇都宮市は、お菓子の年間購入金額は全国で 3 本の指に入る。

地　鶏

● **栃木しゃも**　体重：雄平均3,000g、雌平均2,000g。栃木県畜産試験場が開発した高品質の肉用鶏。フランス料理の食材としても知られ肉質の良い "プレノアール" と、肉の旨味に定評のある "しゃも" の血を引いている。強健で粗放飼育に適するため自然養鶏のような放し飼いによる飼育が可能で、このため肉に脂肪分が少なく、歯応えがあり、風味、コクともに優れている。軍鶏の雄に、プレノアールとロードアイランドレッドを交配した雌を掛け合わせた。平飼いで飼養期間は平均160日と長い。栃木しゃも加工組合が生産する。

たまご

● **那須野卵**　専用飼料に牧草やブナ等の広葉樹の精溜液、海藻、オリゴ糖を加えて、那須野で飼育した。生臭さがなく生卵で食べるとなお美味しさがわかる。那須ポートリーが生産する。

● **那須御養卵**　那須の大自然のおいしい空気と太陽光線を浴びた放し飼いで育てる。甘みが強く艶があり、栄養を豊富に含む味の濃い卵。卵の嫌な臭いがない。盛り上がった卵黄は箸でつまめる。美味しい卵の条件の鮮度と鶏の健康と飼育環境、そして餌に50年以上こだわる稲見商店が生産する。

県鳥

オオルリ、大瑠璃（ヒタキ科）　雄は、美しい紫がかった青色（瑠璃色）の鳥。鳴声は美しく、ウグイス、コマドリとともに日本三名鳥といわれる。英名は、Blue-and-white Flycatcher。

汁　物

汁物と地域の食文化

　海に面している地域のない数少ない県である。関東平野の一部を占めているが那須などの山地も存在する内陸であるため、茨城県や千葉県の気候に比べると冬は寒く、夏は暑く、さらには35℃以上の猛暑の日々もある。

　海に面していないから海産物は大切な動物性たんぱく質である。正月に食べ残した塩ザケの頭、節分に使った大豆の残りものなどにダイコンおろし、ニンジン、酒粕、油揚げなどを加えて煮込んだ「すむつかり」、または「しみつかれ」という味噌仕立ての煮物は、具の多い汁物でもある。

　栃木県の東北部の郷土料理の「法度汁」は、水団・団子の汁の一種。「はっと」は「あまりにも美味しいので食べ過ぎは法度」という意味とのこと。ダイコン、ニンジン、ジャガイモ、サトイモ、キノコを煮込んだ中に、小麦粉で作った団子を入れ、味噌仕立てにした汁物である。

　日本を代表する栃木県の「日光東照宮」は、国内で初めて、社寺として境内に参拝者が手と口を清める「御水屋」を独立設置したと伝えられている。この場所には、かつて自然の川や湧水があったことから、作られたという。日光東照宮の奥の霊峰二荒山（男体山）の伏流水は、清らかに澄んだ水として、日光の人々の生活を潤し、飲料水として利用するだけでなく日光周辺の酒の醸造に使われ、美味しいそばや茶を提供している。清涼な水は、日光名物の湯波（京都では「湯葉」と書く）を作り、湯波料理へと展開している。湯波は「吸物や鍋物などの汁物」の具に使う。日光湯波は、日光の修験者が栄養食品として大豆から作ったものといわれている。

　栃木県の名産品は、機械で麺類のように細長く剥いた夕顔の果肉を乾燥させたものがかんぴょうである。和食ではかんぴょうもダシの材料に使われる。このかんぴょうのだし汁を汁物にしたのが「かんぴょう汁」。

　長野の人はチチタケ（ベニテングダケ科）を珍味として好んでいる。これに対しては、栃木県の人々はチチタケに類似したチタケを麺類の具に使

　凡例　1世帯当たりの食塩・醤油・味噌購入量の出所は、総理府発行の2012年度「家計調査」とその20年前の1992年度の「家計調査」による

うことが多い。このチタケとナスを煮付けた「チタケとナスの汁」が、栃木県の郷土料理として利用されている。

汁物の種類と特色

　かつては、祭りなどのハレの日には「けんちん汁」や「宮ネギ汁」を作る地域が多かった。大田原市の正覚山相院法輪寺の「光山大祭」でも精進料理として「けんちん汁」を作る。大祭中は殺生が禁じられ生ものが食べられないので、野菜やキノコを豊富に入れた、味噌仕立ての「けんちん汁」で、参詣者をもてなしている。栃木県東北部の「法度汁」は、ダイコン・ニンジン・ジャガイモ・サトイモ・キノコを具にした味噌仕立ての汁の中に、小麦粉を練って作った水団を入れて煮込んだもので、あまりにも美味しいから食べ過ぎ「ご法度」の意味で「法度汁」の名がついたといわれている。

　栃木県のかんぴょうは夕顔の果肉を帯状に切り出し乾燥させたものである。味がないので醤油ベースの濃い味を付けたものは海苔巻すしに使われるが、栃木県の郷土料理には「かんぴょうの卵とじ」がある。平地の雑木林に自生するチタケというキノコとナスを煮て醤油・みりん・砂糖で味付けた「チタケとナスの汁」はそばツユとして利用される。

　栃木県の JA なす南洋野菜部会が栽培しているヨーロッパ原産の黒ダイコン（からすダイコン）は、味噌煮、スープ、鍋などの材料として、またそばの薬味として使われるが、味噌仕立ての「からすダイコン汁」として郷土料理にもなっている。小江戸ブランドとして広めている栃木県の「宮ネギ」は、別名「だるまねぎ」として鍋物や汁物に使われる。栃木市西部の宮町を中心に江戸時代から栽培している栃木県の伝統野菜の一つである。江戸時代に栃木の商人が江戸の地頭役所に出向くときに持参したといわれているのは、味や香りが良いネギからといわれている。かつては、毎年の歳暮に、江戸へ送ったともいわれている。味噌仕立ての「宮ネギ汁」でも鍋の具、そばやうどんなどの薬味にも最適である。

食塩・醤油・味噌の特徴

❶食塩

　栃木県には海がないので、海水を利用した栃木産の食塩はない。

❷醤油・味噌の特徴

　日光の「たまり醤油」は、日光の「たまり漬け」には欠かせない調味料である。代表的たまり漬けには、ラッキョウやダイコンがある。味噌に関しては、1625（寛永2）年に創業した青源味噌会社は、創業以来とろりとした天然醸造の白味噌を製造している。たまり醤油の製造に必要な味噌は、「日光味噌」の名で知られている。麹や大豆の粒を残した「つぶ味噌」、麹や大豆の粒を濾した「こし味噌」がある。

❸佐野ラーメンと地場の醤油

　佐野市の地域興しの食べ物として広まった。佐野ラーメンのダシは鶏ガラや豚の骨からとっているが、味付けには栃木県産の醤油を使うことが基本となっている。

1992年度・2012年度の食塩・醤油・味噌の購入量

▼宇都宮市の1世帯当たり食塩・醤油・味噌購入量（1992年度・2012年度）

年度	食塩（g）	醤油（mℓ）	味噌（g）
1992	2,577	9,828	12,085
2012	1,429	4,769	4,267

▼上記の1992年度購入量に対する2012年度購入量の割合（%）

食塩	醤油	味噌
55.4	48.5	35.3

　宇都宮市の1992年度の食塩や醤油の購入量については、関東地方内の水戸市、前橋市の購入量と比べると少ないが、味噌の購入量は多い。宇都宮市の1世帯当たりの食塩・醤油・味噌の購入量から栃木県のこれらの調味料の購入量を推察するのは、無理があるかもしれないが、栃木県の名産品である「たまり醤油」を製造するには、味噌が必須の原料であるので、栃木県内の味噌の家庭での購入量や利用量の増加に関係あると推測できる。

　1992年度のこれら調味料の購入量に対する2012年度の購入量は食塩は55.4%、醤油は48.5%であるのに対して、味噌は35.3%と大幅に減少している。味噌の購入量が少なくなった理由としては、かつては家庭で小規模に味噌漬けやたまり漬けを作っていたが、食生活の変化や健康上の問題で塩分摂取の減少にあることから、家庭での食塩、味噌、たまり醤油、醤油の使用量が少なくなったと考えられる。

海に面する地域のない内陸県であるから、食材の主体は農作物である。広い農地と豊かな水資源に恵まれ、東京都という大消費地が近いことから栽培している農産物の種類は多く、生産量も多い。

主な食材

❶伝統野菜・地野菜

ニラ、夕顔（→かんぴょう）、新里^{にっさと}ネギ、宮ネギ、かき菜、コンニャク、トマト、中山カボチャ、水掛菜、トウガラシ

❷主な淡水魚

ヒメマス、ニジマス、イワナ、ヤマメ、アユ、ウグイなど

❸食肉類

和牛、乳牛

主な汁物と材料（具材）

汁　物	野菜類	粉物、豆類	魚介類、その他
たにしの すいつぼ			タニシ、麦味噌仕立て
呉汁	ネギ	大豆	味噌仕立て
けんちん汁	ダイコン、ニンジン、キノコ、ネギ、ゴボウ	豆腐、油揚げ	コンニャク、味噌仕立て
すいとん （法度汁）	ダイコン、ニンジン、ジャガイモ、サトイモ、キノコ	小麦粉（団子）	味噌仕立て
しもつかれ	ダイコン、ニンジン	大豆、油揚げ	塩ザケの頭、昆布、酒粕
からす だいこん汁	からすダイコン		麦味噌仕立ての汁
宮ネギ汁（鍋）	宮ネギ		麦味噌仕立て

郷土料理としての主な汁物

　海に面している地域がないため、海産物を使った郷土料理の汁物は塩鮭を使った「しもつかれ」があるのみで、貝類では水田タニシの汁物がある。関東平野で収穫される小麦粉を中心とした汁物が多い。

● **けんちん汁**　栃木県の各地で、それぞれの地区の郷土料理として発達しているが、大田原市佐良土地区にある正覚山相院光丸山法輪寺の「光丸山大祭」には、精進料理として野菜やキノコを油で炒めた「けんちん汁」で、参詣客をもてなしている。

● **しもつかれ**　「すむつかれ」（酢憤）ともいわれる。その他の呼び名もある。鎌倉時代から今日も作られている郷土料理である。語源は、強烈な酸味により、赤ん坊のむずかる（憤る）に似ていることに由来するという説がある。2月の初午の時に、赤飯とともにわらづとに入れて、稲荷明神に供える。わらづとの中身は塩鮭の頭・煎り大豆・大根おろし（粗くおろした鬼おろし）・食酢の組み合わせである。正月の残りの塩鮭の頭、節分の煎り大豆の残り、ダイコン、ニンジン・油揚げ・昆布・酒粕を大鍋に入れて醤油・味噌・砂糖で味を調えて煮込んだものである。北関東の節約の心の入った郷土料理である。

● **ちけた汁**　栃木県の夏の味覚「ちけた」というキノコの味噌汁が、「しもつかれ」同様に栃木県の人々の自慢の郷土料理である。ちけたとナスを炒め、だし汁を加えて醤油・みりんで味を調えた汁。そばつゆとしても、利用されている。

● **宮ネギ汁**　別名ダルマネギともよばれている。栃木県の伝統野菜の一つ。栃木県西部を中心に栽培されている。味も香りもよく、味噌汁の具にも適している。

● **からすダイコンとブリの麦味噌煮**　からすダイコンはJAなす南洋野菜部会で栽培しているヨーロッパ原産の黒ダイコン。那須烏山の地名と烏のように黒色なところから、からすダイコンの名がある。外皮は黒く、中身は白い辛味ダイコンの一種。からすダイコンとブリの麦味噌煮は、富山の「ブリ大根」のように相性の良いところから生まれた料理と思われる。

伝統調味料

地域の特性

▼宇都宮市の1世帯当たりの調味料の購入量の変化

年　度	食塩（g）	醤油（ml）	味噌（g）	酢（ml）
1988	4,193	14,626	13,199	716
2000	2,806	8,807	7,737	2,420
2010	2,683	6,730	5,874	2,100

　かつては栃木県と宇都宮県があった。その時の栃木県の県庁所在地は、栃木市であったために県名が栃木と名付けられた。明治6（1873）年6月15日に栃木県と宇都宮県が合併したときに、県庁は宇都宮市に移した。大部分が山地で、内陸特有の寒暖の厳しい気候の地域である。栃木県に古くから伝わる郷土料理の「しもつかれ」は、2月の初午赤飯とともに稲荷神社に供える料理である。内陸地であるから海産物はなかなか手に入らない。しもつかれは、正月用に用意した塩ザケの頭部、野菜類、油揚げや大豆を煮たものである。塩ザケを使うので塩味の料理であるが、酒粕を加えることによりサケの臭みが感じなくなり、アルコールを含む酒粕そのものが調味料としての効果を示している。栃木県には「塩原」という地名の地域がある。現在は那須塩原市となっているが、「塩」のつく由来は、塩を運搬する街道か塩の生産地のどちらかに関係していることが多いので、栃木県の塩原も食塩と関係があったのではないかと考えている。

　那須地方に古くから伝わる郷土料理の「芋串（いもぐし）」は、素朴な正月料理でもある。蒸したサトイモを30cmほどの長い串に刺して、甘味噌を塗って囲炉裏で焼いたものである。昔は、サトイモは主食の代わりに食べることが多かったので、飽きのこないような調理形態として甘味噌にユズ、サンショウ、ネギなどを混ぜる工夫がされたらしい。

　海産物の入手の難しい地域では、川魚のヤマメ・イワナ・サンショウウ

オ・アユの串焼きを囲炉裏で作り、塩や味噌を塗って食べる。鹿・熊・山鳥の肉は味噌仕立ての鍋で食べる。昔は、山間部は塩が大切であったから、塩を入れて作った自家製の味噌は、保存食でもあると同時に大切な調味料であった。山間部では、保存食として「酢豆」を用意している。これは、大豆より大きく平たい鞍掛け豆や青肌豆といわれる豆を軽く茹でてから、酢・醤油・砂糖の液に一昼夜漬け込んだものである。酢の酢酸や醤油の塩分により煮豆の保存が可能となり、酒の肴・茶漬けに利用される。伝統的な調味料が、味付けだけでなく保存食の製造にも使われている例である。

知っておきたい郷土の調味料

醤油・味噌

- **栃木県の醤油・味噌の特徴**　栃木県の醤油・味噌の関係では、日光の「たまり醤油」は日光の「たまり漬け」に欠かせない材料となっている。ラッキョウやダイコンのたまり漬けがある。宇都宮で寛永2（1625）年に創業した青源味噌という会社は300数十年にわたり、とろりとしたくせのない天然醸造の白味噌を作り続けている。日光の味噌・醸造会社では「日光味噌」のブランドをつけたものもある。麹や大豆の粒を残した「つぶ味噌」、麹や大豆の粒を濾した「こし味噌」などもある。

　　栃木県内の醤油・味噌の醸造会社には、醤油よりも、それぞれの会社特有の味噌を製造販売している傾向がみられる。
- **佐野ラーメンと醤油**　栃木県のご当地ラーメン「佐野ラーメン」は、町おこしとして佐野市にとっては重要な観光資源となっている。スープはコクのある醤油味が特徴とされている。スープのだしは鶏がらからとる店もあるし豚骨からとる店もある。透き通った醤油スープの店が多い。
- **益子焼と醤油さし**　栃木県の有名な陶器に益子焼がある。醤油と味噌の普及を兼ねて醤油メーカーと陶器の窯元が協力して醤油と醤油さしのコラボレーションにより互いに発展することを計画している。

ソース

- **いもフライとソース**　佐野の人々が気軽に食べるものに、茹でたジャガイモを串にさし、衣をつけて揚げる「いもフライ」がある。これを美味

しく食べるには、店独特のソースか佐野市内の会社で作ったソースが欠かせない。製造会社やフライの店で特別な素材で作られているらしい。

- **佐野ニンニクソース**　「いもフライ」専用の佐野特産のソースである。生のニンニクをすり下ろし、地元産のタマネギ・トウガラシを入れて作ったソースである。とろりとした粘性があり、スパイスの辛味のきいた、甘味と酸味のバランスはよいが、複雑な味わいと深みのあるソースである。早川食品㈱だけが作っている。コロッケ、野菜炒めにも合う。

郷土料理と調味料

- **栃木納豆と調味料**　栃木県の那須町にはいろいろな納豆が販売されている。表面の白い「干し納豆」、弁当箱のような大きな容器に入れた「でか納豆」、納豆に麹を入れて塩でじっくり漬け込み、砂糖、みりんで味付けした「雪見漬け」がある。さらに、納豆をより美味しく食べるための「納豆のたれ」（あづま食品㈱）もある。
- **ラッキョウのたまり漬け**　たまり漬けの「たまり」の原点は、鎌倉時代中期の慶長6（1254）年に宋から帰朝した禅僧・覚心が、紀州の湯浅で径山寺味噌を伝えたときに、桶に溜まった液体のことである。独特の香味のある調味料として使われている。栃木・茨城・群馬ではラッキョウ・ダイコン・キュウリ・ウリ・ナスの漬物に使われる。日光のラッキョウの溜り漬けは300年以上の伝統があり、香味とバリバリした食感がよい。
- **法度汁**　水団、団子汁の一種である。ダイコン・ニンジン・ジャガイモ・サトイモ・キノコを煮込んだ中に小麦粉を熱湯で捏ねた団子を入れ、味噌で調味したもの。あまりにも美味しいので食べ過ぎはご法度という意味で「はっと汁」も名が付いたといわれている。
- **すむつかり**　鎌倉時代初期から関東一円で正月の料理としてつくられている。正月の残りのものの塩ザケの頭、節分の炒り大豆の残り、鬼おろし器で粗くおろしたダイコン・ニンジン・油揚げ・昆布・酒粕を入れ、醤油・味噌・砂糖で調味して煮込んだもの。名の由来は、下野の国の祝いの料理から、下野嘉例（しもかれい）の訛った説、酢をあけることもあるからという説がある。昔の料理としては栄養的なバランスのとれた料理である。

発　酵

那須牧場とチーズ

◆地域の特色

　海をもたない内陸県で、東西84km、南北98kmとほぼ楕円形をなしている。北部から西部にかけて那須、日光山系に属する2000m級の高山が連なり、日光国立公園を形成している。なかでも、群馬県境に位置する日光白根山（2578m）はひときわ高く、関東以北の最高峰である。東部の茨城県境には標高数百から数千mの八溝山系が南北に走り、八溝林業地として美林を形成している。県の三大河川と呼ばれる那珂川、鬼怒川、渡良瀬川が那須、日光山系を源流として南流し、関東平野を縦貫して太平洋に注ぎ、関東地方や首都圏の重要な水源となっている。日光山内にある二荒山神社、東照宮、輪王寺の二社一寺で構成される「日光の社寺」が世界遺産に登録されている。奥日光には、華厳の滝、中禅寺湖や戦場ヶ原など、風光明媚な景勝地がある。

　気候は内陸式気候に分類され、年平均気温は10～14℃であり、夏と冬の気温差が大きく、特に冬の寒さは厳しい。年降水量は、平野部では1200～1500mmあり、山間部は2000mmを超える。夏は多雨、冬は小雨であるが、山間部では積雪が多い。

　農業は、平野部が米や麦の産地、那須高原が酪農地、畜産地となっているほか、イチゴ、かんぴょう、二条大麦の収穫量は日本一で、ラッキョウ、ニラ、こんにゃくいもなどの特産物も生産されている。

◆発酵の歴史と文化

　栃木県の代表的な郷土料理に「しもつかれ」がある。2007（平成19）年に農林水産省による農山漁村の郷土料理百選にも選出されている。群馬県や茨城県などにも分布し、初午の日（2月最初の午の日）に作り、赤飯とともに稲荷神社に供える行事食である。地域によりしもつかり、しみつかり、しみつかれ、すみつかれ、すみつかりとも呼ばれる。サケ（新巻鮭）の頭、

大豆（節分に撒いた残り）、ダイコン、ニンジン、そのほかの余り物を細切れにし、酒粕とともに煮込む。地域によっては油揚げを刻んで入れることもある。調味料を一切用いず、サケや酒粕の量を加減することで味を調整するのが一般的である。また、真岡市などでは、これらの材料に少量の酢を入れることもある。「七軒の家のしもつかれを食べると病気にならない」といわれ、近所の人たちと分け合って食べることが多い。道の駅日光では毎年2月、多くの「しもつかれ」を味わえる「全日本しもつかれコンテスト」が開かれている。

◆主な発酵食品

醤油　約10社が製造しており、醤油専業の会社が多い。樋山昌一商店（日光市）、益子醤油（栃木市）、那須醤油（那須塩原市）などで造られている。

味噌　約30の味噌製造会社があり、そのうち12社は麹も販売している。天明年間創業の油伝味噌（栃木市）は、麹をふんだんに使った甘めの味噌を造っている。建物は明治時代の土蔵が国の登録有形文化財の指定を受けている。1625（寛永2）年創業の青源味噌（宇都宮市）では、特製味噌ダレで味わうネギ味噌餃子も販売している。渡辺糀店（真岡市）、本多こうじ屋（栃木市）、瀬尾糀店（芳賀郡）、内山味噌麹店（鹿沼市）などでは、味噌とともに麹も製造販売している。

日本酒　日光連山、那須火山帯などの山々からの清涼な水が豊富にあり、その良質な水を使って酒造りがされている。酒造好適米「夢ささら」も栽培されている。31の蔵があり、それぞれが違った味と風味を持った酒が造られている。最近、栃木の酒造技術向上を目的に厳しい選考試験を経て「下野杜氏」が認定された。日本酒造杜氏組合連合会に加盟した最も新しい杜氏集団である。1806（文化3）年創業のせんきん（さくら市）、1849（嘉永2）年創業の島崎酒造（那須烏山市）のほか、天鷹酒造（大田原市）、渡辺酒造（大田原市）、菊の里酒造（大田原市）、惣誉酒造（芳賀郡）、外池酒造店（芳賀郡）、西堀酒造（小山市）、小林酒造（小山市）、若駒酒造（小山市）、飯沼銘醸（栃木市）、北関酒造（栃木市）などがある。

焼酎　白相酒造（那須郡）は、日本一の生産量を誇る栃木の二条大麦で造った麦焼酎を、渡邊佐平商店（日光市）は栃の実を使用した焼酎

を、天鷹酒造（大田原市）は本格粕取焼酎を造っている。

ワイン　ココ・ファーム・ワイナリー（足利市）、シーエフエーバックヤードワイナリー（足利市）、渡邊葡萄園醸造（那須塩原市）など、日本ワインと認定される品質の高いワインが造られている。特に、1984（昭和59）年からワイン造りをスタートしたココ・ファーム・ワイナリーは化学肥料や除草剤は使わず、天然の酵母や乳酸菌を主としたワイン造りをしている。2000（平成12）年の九州沖縄サミットの晩餐会や、2008（平成20）年の北海道洞爺湖サミット夕食会で使用された。渡邊葡萄園醸造は那須野が原の開墾時代の1884（明治17）年に誕生した歴史をもつ。

ビール　サッポロビール那須工場（那須郡）のほか、1996（平成8）年にオープンした那須高原ビール（那須郡）、県産の豊富な農産物（野菜、果物、ハーブ、スパイスなど）を加えた多種多様なビールを製造している栃木マイクロブルワリー（宇都宮市）、宇都宮ブルワリー（宇都宮市）などでクラフトビールが造られている。

スピリッツ　栃木市には、チューハイなどのスピリッツの製造のほか、ウイスキー・ブランデーなどの瓶詰めを行っているサントリースピリッツ梓の森工場がある。

酢　ミツカンブランドの主力供給拠点として食酢などを製造する栃木ミツカン（栃木市）、醸造酢を製造しているキユーピー醸造（日光市）がある。これら主要工場があるために、全国一の酢生産県である。

ショウガの甘酢漬け　ショウガの産地で、すし店も多かった佐野市、足利市周辺で、すし用がり（ショウガの甘酢漬け）の生産が盛んである。

たまり漬け　一定期間塩漬けにしたラッキョウ、ダイコン、キュウリ、ナスなどの野菜を塩抜きし、溜り醤油などに漬け込んだものである。日光周辺にはかつて「振り分けたまり」と呼ばれる調味料があった。これは水を多めに仕込んだ味噌の上澄みを醤油の代用としたものであり、たまり漬けに使用された。

甘ラッキョウ漬け　特産品であるラッキョウを塩漬けにし乳酸発酵させた後、砂糖、食塩を加えた甘酢に数週間漬け込んだものである。

ヨーグルト　　南ヶ丘牧場（那須郡）、千本松牧場（那須塩原市）、那須り
　　　　　　　んどう湖ファミリー牧場（那須郡）といった牧場では、風味
豊かなこだわりの生乳を使用したヨーグルト作りが行われている。

チーズ　　　酪農が盛んな地域であり、全国でも牛乳生産量の多い那須塩
　　　　　　原では、さまざまなチーズが作られている。農場内にチーズ工房
ができた栃木県初の今牧場（那須郡）では、牛やヤギの生乳からチーズが
作られている。あまたにチーズ工房（那須郡）では、モッツァレラチーズ、
カマンベールチーズなどのほかに、チーズのたまり漬けもある。チーズ工
房那須の森（那須塩原市）では日本には少数しかいないブラウンスイス種
の牛乳を使ったこだわりのチーズを作っている。

◆発酵食品を使った郷土料理など

しもつかれ　　初午の日に作り、赤飯とともに稲荷神社に供える行事食
　　　　　　　であり、サケの頭と大豆、根菜、酒粕を醤油などで味付け
をして煮込む。地域により、しみつかり、しみつかれとも呼ばれる。

いりざけ料理　　醤油が普及する前まで広く用いられていた江戸時代の
　　　　　　　　定番調味料「煎り酒」を使った料理である。いりざけは日
本酒に梅干しと花かつおを入れ、煮詰めて作る。

いとこ煮　　マメ類とイモ類、あるいはカボチャとアズキを一緒に煮て、
　　　　　　醤油や味噌で調理した郷土料理である。材料が似たもの同士
であることから「いとこ煮」と呼ばれるようになったといわれている。冬
至に食べると風邪をひかないといわれる。

芋串　　　県北では、正月の料理である。サトイモを串に刺し、囲炉裡の周
　　　　　りで焼いてユズ味噌をつけて食べる。

出流柚餅子　　出流特産のユズを生かした名物で、くりぬいたユズの中
（いづる ゆ べ し）　　に糯米粉や味噌などを混ぜて詰め、蒸して乾燥させて作る。

◆発酵関連の研究をしている大学・研究所

宇都宮大学農学部応用生命化学科　　発酵食品に関する微生物の増殖
　　　　　　　　　　　　　　　　　過程の制御や機能性物質の生産の
研究を行っている。

　新政（秋田県）、大七（福島県）、出羽桜（山形県）、ほまれ麒麟（新潟県）、西堀酒造（栃木県）、喜多屋（福岡県）など、東京大学卒業生などが蔵元である東大蔵元会がある。現在、12の酒蔵からなり、毎年10月の第3土曜日に本郷キャンパスで開催されるホームカミングデーに店を出し、利き酒会を実施している。その代表をしているのは、経済学部卒業の惣誉酒造（栃木県）の河野遵社長である。東京大学オフィシャルグッズの純米大吟醸「淡青」は、元禄時代から伝わる製法「生酛」で醸した、深い旨みをもつ純米酒であるが、これも惣誉酒造で造られている。

　ちなみに、早稲田大学や慶應義塾大学にも蔵元会があり、両大学では毎年蔵元会主催で利き酒の早慶戦を行っている。

都道府県トップ10　酢生産量

　生産量トップは栃木県の8万3760kℓで、2位は大阪府（5万9485kℓ）、3位は岐阜県（3万9875kℓ）、以下4位広島県、5位兵庫県、6位愛知県、7位長野県、8位鹿児島県、9位福岡県、10位岡山県である（2017（平成29）年経済産業省工業統計表品目別統計表データより作成）。

日光煉り羊羹

和菓子 / 郷土菓子

地域の特性

　関東地方の北部に位置し、海のない内陸県である。東部は茨城県、南西部は群馬県と埼玉県、北部は福島県に接している。気候は寒暖の差が大きいが、冷害や雪害等の自然災害は少ない。

　県内の中央を那珂川、鬼怒川、思川が流れ沿岸部はほぼ関東平野の一端で、市街化が進んでいる。

　周囲には八溝山地、那須連山、帝釈山地、足尾山地と険しい山岳地帯があり、日光国立公園や尾瀬国立公園を有し、日光、鬼怒川、塩原、那須など多くの観光地がある。

　何といって日光は、江戸時代より徳川家康を祀った聖地として、近年は「世界遺産日光」として観光客も多く、羊羹をはじめとする日本のお土産菓子のメッカでもある。

地域の歴史・文化とお菓子

東照宮がもたらした影響

　1999（平成10）年世界遺産に登録された日光は、東照宮、輪王寺、二荒山神社の2社1寺と周辺の景観地域である。

　昔からの格言に「日光を見ずして結構と言うなかれ」といわれ、「日光」とは江戸幕府を開いた徳川家康の霊廟である東照宮をさしていた。東照宮の創建は1617（元和3）年で、家康自身の遺言により一周忌後、ここに立派な霊廟が作られた。日光は一気に徳川家の聖地となり、江戸幕府の重要拠点となった。

　その後1636（寛永13）年、3代将軍家光により「寛永の大造替」が行われ、現在みるような豪華絢爛な建物となるのである。

　五街道の1つ日光街道も整備され、歴代徳川将軍の「日光社参」や諸大名たちの参詣。朝廷からの「例幣使道」も整備され、一般庶民の参詣も大

盛況となり、日光は一躍観光地となったのである。

①日光の煉り羊羹

　今も昔も日光名物といえば「湯波（日光は波と書く）」と「煉り羊羹」である。その羊羹を日光で最初に製造販売したのは「綿半」で、創業は1787（天明7）年である。

　もともと羊羹は日持ちのしない蒸し羊羹であった。だが、寒天の発見や貴重な砂糖の国産化で、直火で煉り上げる「煉り羊羹」が作られた。その羊羹は、古くは豊臣秀吉の時代に京都で作られた説と、江戸との説がある。江戸では寛政年間（1789〜1801）の初め、日本橋の喜太郎が創案し「喜太郎羊羹」として人気を博した。保存の効く品格のある羊羹は瞬く間に全国に伝わったとされる。

②江戸で讃えられた「綿半羊羹」

　江戸の戯作者・山東京山（京伝の弟）の『蜘蛛の糸巻』（1846〈弘化3〉年）に、羊羹のことが記され「今は諸国にもある中に、日光なるは江戸にまされり」と、「綿半の羊羹」が記されている。

　「綿半」の創業は天明で、江戸の「喜太郎羊羹」より数年早いことになる。日光は古代より山岳信仰の霊地として勝道上人に開かれ、修験者や僧侶等によって京文化がもたらされていた。日光湯波が「京湯葉」（京では葉と書く）と関係あるように、煉り羊羹も京都より伝わったのではないかと思われる。

　地元の良質の小豆と日光の水のよさが優れた羊羹を作り、江戸から茶人や粋人がわざわざ買いに行くほどであった。

③酒まんじゅう

　「元祖日光酒饅頭」の湯沢屋も、創業は1804（文化元）年である。自家製の糀からもち米を発酵させその汁で小麦粉を練り、発酵を待って餡を包み蒸し上げる。酒の香りのする老舗まんじゅうは、二百有余年変わらぬ味を伝えている。日光の2社1寺の御用はもとより、大正天皇日光御用邸の御用達としても知られていた。

行事とお菓子

①正月の水羊羹

　水羊羹は、元はお節料理の口取りの料理菓子で、お正月に食べられてい

た。関西では比較的残されている風習だが、関東では日光を中心に食べられ、年末には和菓子屋の店頭に水羊羹がたくさん並ぶ。

　水羊羹は寒い冬こそ上質なものが出来、保存が効かないため冬に作られていた。だが冷蔵庫の普及等で夏の食べ物になったようだ。

　正月に食べる習わしは、上越や会津若松地方にも残されている。

②愛宕さまの夏祭りとバンダイ餅

　平家の落人伝説のある旧栗山村では、木地師といって男たちが山の仮小屋で日光下駄や木杓子、曲げ物などを作っていた。バンダイ餅は、その仕事始めと仕事終いに作って山の神様へお供えした。うるち米のご飯を「板の台」の上で搗いたのでその名があり、串に刺して焼き、くるみ味噌、ジュウネ（エゴマ）味噌、ジンダ（青豆を摺り潰す）などを付ける。他県では五兵餅とよばれる。

　「平家塚」のある川俣の愛宕山神社は、雷神を祀った火伏せの神様で、夏祭り（今は8月）には小豆餡、ジンダ餡、ジュウネ餡をまぶしたバンダイ餅を作り、親類縁者を祭りに招いた。

　このバンダイ餅、郷土菓子として道の駅などでも売られている。

③「ハレの日」の握らないぼた餅

　一般にぼた餅といえば、うるち米ともち米のご飯を半搗きにして俵型に握り、小豆餡やきな粉をまぶしたものである。だが、県内旧西方町や上河内ではご飯を茶碗によそい、その上に甘い粒餡や漉し餡をたっぷりのせる。春秋の彼岸だけでなく、西方町では葬式にもこのぼた餅が作られた。「冠婚葬祭」として葬式は、特別な日「ハレの日」だったのである。この方式のぼた餅は、重箱に詰めるとご飯と餡の2層仕立てになっている。

④羽黒山神社の「梵天祭」と柚子のお菓子

　宇都宮市旧上河内地区の秋祭り（現11月）で、五穀豊穣・無病息災を祈って約15mの大竿の先に赤や黄色の房を付けた梵天を、若者たちが担いで街を練り歩き神社に奉納する。この辺りは柚子の里で、参道の両側には名物の黄色く熟れた柚子を売る露店が数百軒並び、民家の庭先でも売られている。柚子羊羹、柚子まんじゅう、柚子だんごと柚子尽くしの菓子が売られ、柚子は何事にも「融通が効く」といって縁起物とされた。

知っておきたい郷土のお菓子

- **友志良賀**(宇都宮市) 名産の干瓢を茹でアク抜きをし、砂糖漬けにした後切って砂糖をまぶす。長寿を讃える「共白髪」に掛けた縁起菓子。光林堂の銘菓。

- **湯波菓子** 日光湯波の製作過程でできる、松の木肌に似た"松皮ゆば"を油で揚げ、砂糖でまぶした現代の菓子。

- **字降松**(足利市) 日本最古の学校・足利学校の庭には読めない字、意味のわからないこと等を、紙に書いて結んでおくと翌日ふり仮名が付いているという松がある。その松に因んだ現代の焼き菓子。

- **釣り天井**(宇都宮市) 宇都宮城の城主を巡る争いで、徳川2代将軍秀忠暗殺計画にまでなった「釣り天井の話」を伝える現代の歴史菓子。

- **宮の餅**(宇都宮市) 宇都宮の愛称"宮"を付けた小口の美しい求肥餅で、明治天皇にも献上された銘菓。

- **柿餅**(日光市) 旧今市周辺では干し柿を餅に搗き込むが、旧上河内では皮と種を取った渋柿をドロドロに煮詰め、もち米と大麦の炒った粉(麦こうせん)を加えて臼で搗く。のし餅のようにして食べる。

- **ゆでまんじゅう**(足利市一帯) 足利や佐野の菓子店でも売られている。まんじゅう生地に餡を包み蒸さずにたっぷりの湯で茹でたもの。

- **日光煉り羊羹・酒まんじゅう** 前出参照

乾物 / 干物

干瓢

地域特性

　関東平野の北部に位置し、宇都宮市を県庁所在地とする。日光国立公園、日光東照宮は世界遺産に認定され、有名である。近隣には日光鬼怒川温泉、川治温泉、那須温泉などがあり、温泉の宝庫としても、観光県としても有名になっている。茨城県、福島県、群馬県との県境が山間地に囲まれており、農業、工業、商業、観光とバランスが取れ、それぞれが盛んに発展している。那須高原山麓は酪農が盛んであり、関東ローム層の土地柄、干瓢やイチゴなどの特産物も多く生産されている。

知っておきたい乾物 / 干物とその加工品

かんぴょう（干瓢）

　ウリ科の1年草で、ユウガオを細く割りむきしたものを乾燥したものである。一般的には「ふくべ（瓢）」と呼ばれ、中国から16世紀ごろ日本に伝えられた。最初は大阪の摂州の木津にあったが、近江の国水口藩（現滋賀県甲賀市）から藩主鳥居忠英が下野国壬生藩（現栃木県壬生町）に国替えになり、農作物を増やし、産業を盛んにするために、今から約300年前の1712年に、干瓢の原料となる「ゆうがお」の種を取り寄せた。壬生藩の人々に種をまかせたところすくすくと育ち、よい干瓢ができたという。「水はけがよい」関東ローム層という地層であり、「夏の雷と雨」が多いこの地に「ゆうがお」の栽培が盛んになった。

　現在では壬生町、上三川町、下野市、小山市で作られており、日本一の生産県となった。瓢を干して作るため、「干瓢」という名前になったといわれている。干瓢の産地であった大阪の木津の寿司屋では、干瓢巻のことをキズ巻ともいい、江戸前の寿司屋でも呼び名は通じる。

　ユウガオは同じウリ科のひょうたん、ゆうごうと近縁で、花が咲いてから30日間ほどで丸形の果実となる。1本の枝に雄と雌の両方がある雌雄

同株のツル性の植物で、初夏に咲く白い花は夕方咲いて朝にはしぼむので、ミツバチや昆虫の媒介でなく風で受粉する風媒花である。

ツルは長さが数mにもなり、真夏の7月から8月にかけて生産期を迎え、1玉が5kg〜7kg。大きなものは10kg以上にもなり、一番玉から始まり、3〜4玉くらいまで収穫する。人工授粉や目止めなど農家の人の手によって栽培されている。

干瓢農家の朝は早い。前日夕方畑から収穫し、朝3時ごろから作業を始め、干瓢削りの機械で厚さ4cm、幅5cmぐらいに細くむき、最終的には2mくらいの長さになるまでむく。使える部分は表皮肉部分で、中心部は種が多いので使用できない。朝8時ごろには外部に吊るし、乾燥工程に入る。今はビニールハウスなどに干していることが多い。

とうがらし（唐辛子）

ナス科の一年草であるトウガラシの果実を乾燥した製品である。トウガラシはどんな土壌でも比較的よく適応し栽培が簡単なため、世界中で栽培され、香辛料として多くの人に愛用されている。日本ではトウガラシの中でも一番人気の、鷹の爪トウガラシは栃木県大田原市などで多く栽培されている。

東北地方、北陸地方、東海地方などではナンバンといい、岐阜県、京都府、島根県地方ではコショウ、また、福島県会津地方ではカラシなど場所によって呼び名が異なる。

唐辛子はペルーやメキシコの複数の遺跡から出土しており、紀元前から栽培されていたのではないかと思われる。その後、コロンブスによってヨーロッパに持ち帰られ、17世紀にポルトガル人によってアジア、中国に伝えられたという。日本には同じころポルトガル人によってタバコと共に伝えられたという説と、豊臣秀吉が朝鮮半島に出兵したときに持ち帰ったという説などがある。

唐辛子はアメリカ大陸の熱帯地域が原産国といわれている。辛味種と甘味種に大別され、辛味種を欧米ではチリペッパーといい、日本では甘味種の一種などをピーマンと呼んでいる。春先に種をまいて苗を植えて、晩秋に収穫する。辛味成分であるカプサイシンがエネルギー代謝を活性化して、食欲増進、発汗作用をもたらすといわれている。発汗によって体温が下がるため、特に暖かい地方で好まれている。炭水化物の消化を助ける働きもあるという。長時間保存する場合は、湿気を避けて、瓶などの広口容器に

入れて保存する。香気が抜けたり、害虫も発生するので、冷蔵庫もよい。和食のきんぴら、漬物、野菜炒めのほか、中華料理、西洋料理、韓国料理など利用範囲は広く、小さく切ると辛味が増す。ぬるま湯に浸しておくと戻しやすく切りやすい。種のまわりの内壁部分に強い辛味があるため、辛味を抑えたいときは種を抜いてから調理するとよい。

鷹の爪唐辛子

日本の乾物店にある辛味唐辛子の代表的なもので、一番多く市場に出回っている。形状が鷹の爪のように先がとがって見えていることから名付けられた。果実は3〜4cmほどで、乾燥させて保存し、漬物や七味唐辛子などの加工用に幅広く利用されている。栃木県鹿沼市、大田原市などが主な産地である。

日光唐辛子

果実は10〜15cmとやや細長い。辛味は中辛で、輪切りにして生食するほか、中華料理や加工用としてさまざまな場面で利用される便利な中辛唐辛子で、在来種として日光市、群馬県沼田市周辺などで栽培されている。

一味唐辛子

七味唐辛子より辛く、さまざまな種類の唐辛子と配合した薬味である。用途は七味唐辛子と同じで、ふりかけやキムチ漬けなどに利用されている。

日光湯波

日光門前周辺に生産者が多い湯波で、大豆の二次加工製品。京都で作られていたゆばが日光開山のときに修験者たちによって日光に持ち寄られ、その後、輪王寺宮のために京都から職人を連れてきて作り始めたという。京ゆばは皮膜のはしに竹串を入れてすくい上げ、1枚ずつ串ごとに広げ薄く作るのに対し、日光湯波は皮膜の中央に金串を入れ、2つ折りにして引き上げ、2枚重ねにして干す。つまり京ゆばの2倍の厚さになるわけである。消化吸収がよく栄養も豊富なことから、貴重なタンパク源として江戸時代に二社一寺に供え物として納められたという。日光ゆばはなぜか「湯波」と書いている。

耳うどん

野州佐野葛生町仙波地区に昔から伝わる伝説によれば、耳に関した珍しい郷土料理で、正月三が日に悪魔の耳になぞらえた「耳うどん」を食べると無病息災で過ごせる。また、悪魔の耳を取ると我が家の話が聞かれることがない。そのために家庭で食べるようになった。

Column：唐辛子

　東京・浅草寺、長野・善光寺、京都・清水寺など寺院の門前には唐辛子屋が多い。これは昔から、寺参りに行くのに旅費や金がかかり貧乏になっても安い唐辛子があれば飯が食えるという言い伝えがあるためであろう。長野県の代表的な観光地でもある善光寺は「牛にひかれて善光寺参り」という言葉もあるように、週末ともなると全国各地はもちろん海外からも参拝者が訪れる。門前にある八幡屋礒五郎は七味唐辛子が有名で、参拝者に人気の店である。八幡屋礒五郎の歴史は古く、長野市の郊外にある鬼無里村の商人が麻と和紙を江戸に運び、かさばらない七味唐辛子を持ち帰り、初代勘右衛門がその唐辛子を善光寺境内で売り始めたのが始まりといわれている。その後、1707（宝永4）年に火災で焼失した善光寺の再建が行われ、冬の寒い中で作業する大工や作業員延べ20万人に唐辛子を入れた汁を振る舞ったところ、寒い冬でも作業がはかどり、七味唐辛子が耐寒食糧としてよく売れるようになったという逸話が今なお残っている。

III

営みの文化編

伝統行事

佐野厄除大師正月大祭

地域の特性

栃木県は、関東地方北部に位置する。北部を那須野台地が占め、南部にゆくにつれて平野が広がる。内陸部に位置するため、朝晩や夏冬の温度差が大きい。

江戸時代には、タバコ・和紙・かんぴょうなどの生産が広まり、日光彫りや益子焼、小砂焼などの工芸品も生まれた。南部の足利や真岡では、絹や木綿などの繊維業が栄えた。

明治以降は、不毛の荒野であった那須野台地の開発がはじまり、印南丈作や矢板武らの尽力により那須疎水が開削され、水田が開かれた。

男体山や中禅寺湖を有する日光国立公園は、日本を代表する自然公園である。

行事・祭礼と芸能の特色

国指定の重要無形民俗文化財に「発光路の強飯式」（鹿沼市）がある。日光山輪王寺の強飯式もよく知られるところである。伝統的な強飯式が2つ伝わるのは、全国でもめずらしいこと。強飯式には、重要な意味がある。その中心は、あくまでも米の飯をたらふく食べることが共通。日常の主食が糅飯（米に雑穀や根菜を混ぜて炊いたもの）だった時代にさかのぼってみると、白い御飯こそハレのごちそうだったのである。

山がちな栃木県にその伝統がみられるのは、象徴的なことである。

伝統芸能では、念仏踊（念仏舞）の類が県下各地に分布する。

主な行事・祭礼・芸能

おたりや　宇都宮二荒山神社の祭礼。正月15日（もとは正月初子、午の日）を春渡祭、12月15日（もとは12月初子、午の日）を冬渡祭とする。「おたりや」とは、渡御祭をさすとして「渡祭」の字を

あてるとされるが、ほかに「お足り夜」「お垂り夜」とするとの説もある。

正月15日（12月15日）の夜、神霊を神輿に移し、末社の東照宮境内に渡御を行ない、田楽舞を奉納する。舞人は、妻折笠に端袖付上衣、たっつけ袴姿。鉦・笛・太鼓・ササラ（竹製の打楽器）・鼓が奉じられる。

このまつりは、火災除けのためといわれ、祭前から氏子にはいくつかの禁忌がある。たとえば、風呂をたてることを禁じ、火を慎む。古くは、男女とも針を持つことも禁忌とされた。渡御のとき、神輿に投げた賽銭が地面に落ちると、それを拾って持ち帰り、鎮火の守りにする、ともいう。

佐野厄除け大師正月大祭

正式な名称は、春日岡山惣宗官寺。天慶7（944）年に奈良の僧宥尊上人が開いた寺で、関東の三大師のひとつ。とくに厄年の人の厄除け祈願に効験があるといわれ、年間を通じて参拝客が絶えない。とくに、1月1日から31日までは厄除け大師祭が催行される。厄除けにかぎらず、方位除け・交通安全・家内安全などの祈願に参拝客が訪れ、その数は百万人にも及ぶ。

日光山輪王寺の強飯式

日光山に古くから伝わる独特な儀式である。輪王寺（日光市）の三仏堂で、毎年4月2日の11時と14時の2回行なわれる。

強飯式の起源は古く、奈良時代の勝道上人の日光開山時までさかのぼる。日光山は、神仏習合の霊山として開かれ、多くの山伏や修行僧が修行を行なってきた。その行者たちが、山中のご本尊に供えた供えものを持ち帰り、里や村の人びとに分け与えたことがはじまり、とされている。江戸時代には、日光三者権現（千手観音・阿弥陀如来・馬頭観音）や開運三天（大黒天・弁財天・毘沙門天）からお供えものをいただく儀式へと発展した。

強飯式は、三天合行供・採灯大護摩供・強飯頂戴の儀・縁喜がらまき、の3部から成っている。その中心行事が「強飯頂戴の儀」であることは、いうをまたない。

まず、僧侶・山伏・頂戴人、約20名の行列が、法螺貝の響き渡るなか、三仏堂に入堂する。入堂が終わると、三仏堂のすべての扉が閉じられ暗闇に。やがて堂奥から「三天合行供」の読経の声が立ちのぼり、段上には「採灯大護摩供」の赤々とした炎が厳かに燃えあがる。

2つの儀式が終わると、堂内が明るくなり、頂戴人が段上に並び、「強飯頂戴の儀」がはじまる。

強飯頂戴の儀

まず、山伏が朱塗りの大盃になみなみと酒を注ぎ、頂戴人がそれを飲み干す。次に、山伏たちによって山盛りのご飯（3升）が運ばれ、頂戴人の前にそれぞれ置かれる。そして、山伏たちが頂戴人の頭上にご飯を載せ、「三社権現より賜る御供、七十五杯残さず頂戴しろ」と口上を述べて責めたてる。その後、山伏たちが毘沙門天の金甲（兜）を頂戴人の頭上に授け、頂戴人が毘沙門天になったことを表わす「金甲」という儀式を行なう。最後に、「コリャコリャ」のかけ声とともに、ねじり棒などを手にした山伏が、「めでとう七十五杯」といって、手にした品物を頂戴人の前に出す。その儀が終わると、頂戴人は、強飯を手にして山伏とともに退場する。

なお、その後の「縁喜がらまき」は、お供えした縁起物や菓子などを一般参拝客に撒く儀式である。

日光二荒山神社弥生祭と田舞祭

弥生祭は、4月13日から17日まで催行される。もとは3月に行なわれていたので、この名がある。

13日は、神輿の飾り式。本社・別宮滝尾・別宮本宮（二荒山奥宮）のいわゆる日光三所権現の神輿を拝殿に還して装飾を整える。14日には、滝尾社の神輿が滝尾神社に渡御し、神楽が奉納される。16日になると、滝尾社の神輿が本社に還り、本社社殿の西方高天原に着御。その後、三神輿の前に神酒を供え、楽を奏する。これを、酒迎えの神事、高天原の神事などと呼ぶ。

本まつりの17日は、朝から献幣使が加わって祭典を行なう。そして、神輿の渡御に先立って各町内からサクラの造花をつけた花屋台がくり出し、市中を練り歩いて二荒山神社に到着。拝殿前の舞台では氏子奉納の手踊や狂言、八乙女舞などが舞われる。花屋台は奏楽の後、夕方からは囃子を奏しながら次々に神社を出る。そのあとに本社・滝尾・本宮の神輿が続き、本宮神社に渡御する。そこで祭典を行なったのち、本社に還るのである。

田舞祭は、5月15日に催行される。そこで奉納される田楽舞（田舞）は、平安時代に豊作を祈る農耕儀礼としてはじまり、その後、祭礼行事にくみこまれたものである。二荒山神社の神領地であった堀米地区（現在の関堀町）の6軒の農家によって代々受け継がれ、今日に至っている。

東照宮千人行列

東照宮（日光市）の春まつりの行事で、5月17日に行なわれる。元和3（1617）年、東照大権現（徳川家康）の神霊を駿河の久能山からこの地へ移す際に仕立てた行列を、まつりの行事のなかにそのまま残したもの、と伝わる。

2日午前に祭典のあと二荒山神社を出発、行列を整えて御旅所に向かい、ここで東遊の奉納があり、さらに本社に還御する。この日の行列を百物揃千人行列といって、鎧 兜に身をかため、太刀や槍、旗などを手にした武者のほかに、獅子・田楽・法師・八乙女・雅児など総勢1,200人余り。彼らが老松の並び立つ参道を行進するさまは圧巻であり、見物の人たちの目をうばう。御旅所で行なわれる舞も典雅で、舞人の衣装の美しさが広く知られている。

ハレの日の食事

栃木県下、とくに南部の農村地帯に伝わる行事食が「しもつかれ」である。その名の由来は、下野国の「かれ」（凍みた状態＝短期の保存食）だから、という説があるが確証はない。

「しもつかれ」づくりは、まず煎り豆を鍋で2〜3時間ほど煮る。その間にダイコンとニンジンを鬼おろし（竹製の粗いおろし板）でおろす。また、正月に食べた残りのサケのあらを切り刻む。そして、それらを鍋に加え、さらに1時間ほど煮込む。すると、いずれの食材もほとんど原形を残さない状態に溶けあう。そこで、酒粕をちぎって入れ10分ほどかきまぜながら煮てできあがりである。しもつかれは、節分の料理として知られるが、一般には、節分の残り豆を使って次の日につくり、初午にかけて折々に食べる、という。

葛生町では正月料理として「耳うどん」を食する。耳の形をしたうどんで、これを食べるとその年は悪いことがおこらない、と伝えられている。また、那須地方の農家では、正月三が日の朝は、芋串を食べる。サトイモの皮をむいてゆで、さめてから竹串にさし、サンショウやユズ、ネギなどの香味を混ぜこんだ味噌をぬって囲炉裏で焼いたものである。

寺社信仰

日光東照宮

寺社信仰の特色

栃木県は世界遺産「日光の社寺」で全国的に知られ、特に東照大権現（徳川家康）を祀った日光東照宮は国宝に満ち溢れ、「日光を見ずして結構と言うなかれ」との諺も生まれた。国宝の陽明門は日本三大門に数えられ、見惚れて日の暮れるのも忘れてしまうことから「日暮の門」ともよばれている。日本最大の石鳥居は日本三大鳥居の一つである。

日光社寺信仰の中心は、勝道が開いた男体山を観音浄土の補陀洛山として祀る二荒山神社で、同社は宇都宮（一宮の転という）の二荒山神社とともに、下野一宮とされている。祭神の本地仏（千手観音・阿弥陀如来・馬頭観音）を祀る日光山輪王寺は、天台宗三本山の一つである。

勝道は日光中禅寺湖畔の坂東18立木観音や、坂東17出流山満願寺（栃木市）、日本三蓬莱の一つ蓬莱山神社（佐野市）なども開いたとされ、生誕地は真岡市の仏生寺とされている。

栃木県は古くから仏教が栄え、日本三戒壇の一つ下野薬師寺が置かれた。勝道も同寺で受戒している。『入唐求法巡礼行記』を著した世界的偉人、慈覚大師円仁を輩出した土地だけあって、特に天台宗の名刹が多い。日本三大岩船地蔵の一つ高勝寺も、元三大師（慈恵大師良源）の信仰で大勢の参拝者を集める関東三大師の一つ佐野厄除け大師も天台宗であり、家康を日光に祀った日光山貫主の慈眼大師天海も天台宗の大僧正である。

佐野厄除け大師は平将門の乱を平定した下野の押領使、俵藤太藤原秀郷が開基で、栃木三偉人の一人、田中正造の墓所としても知られる。秀郷の墓は佐野市新吉水にあり、居城跡の唐沢山神社は秀郷を祀っている。

秀郷は藤姓足利氏の祖で、佐野氏などを輩出したが、栃木県は足利尊氏ら室町幕府将軍を輩出した源姓足利氏の拠点でもあり、大日様と親しまれる鑁阿寺（真言宗大日派本山）は、足利義兼の館を兼ねた氏寺として国の史跡にも指定されている。なお、本堂は国宝である。

凡例　†：国指定の重要無形／有形民俗文化財、‡：登録有形民俗文化財と記録作成等の措置を講ずべき無形の民俗文化財。また巡礼の霊場（札所）となっている場合は算用数字を用いて略記した

主な寺社信仰

烏山八雲神社
（からすやま や くも）

那須烏山市中央。1560年、烏山城主・那須資胤が城下の鎮守として大桶村の牛頭天王社の分霊を仲町十文字に勧請し、疫病退散を祈願したのに始まる。烏山は那珂川水運の拠点として栄えた。毎年7月末の例大祭では、19世紀半ばから〈烏山の山あげ行事〉†が奉納されており、参加する各町内が特産の〈程村紙〉‡（烏山和紙）を貼った高さ10m以上もの築山を上げる。それぞれの氏子の若衆らは、この築山を背景として館や橋などの手づくりの仮設舞台を市街地に設け、所作狂言（歌舞伎）や神楽などの余興を奉納する。3日間、最大16回にわたって築山と舞台装置一式の解体・移動・組み立てを繰り返し、上演しながら町中を巡行。移動の総延長は20kmにも及び「日本一の野外劇」と名高い。境内にある市神社は烏山城下七福神巡りの恵比寿神となっている。

松原寺
（しょうげん じ）

那須烏山市三箇。真言宗智山派。出羽国の鳥海上人が高野山修行の後の帰路、当地で病に倒れ一寺を開山、18世紀に出羽三山を勧請して念仏踊りを伝えたのが〈塙の天祭〉‡の始まりという。これは二百十日の風祭であったが、現在は9月1日直近の日曜日に、出羽三山に奥参りした行人が水垢離を取り、僧侶・神官とともに2階建ての屋台（天小屋）の天棚へ登り、日天・月天・諸神仏を勧請、風雨順時・五穀豊穣を祈願する。その後、太鼓場での奏打（ブッケ）と、千渡場での梵天かつぎ（行道）がある。最大の呼び物は天祭踊りで、太鼓や笛のお囃子に合わせて綾竹踊りや扇子踊りが奉納される。神送りの後、太鼓場での奏打（ブッキリ）があり、翌週には天棚が壊され行事が終わる。天祭・天念仏の行事は鹿沼市の〈栃窪の天念仏〉‡など、北関東で広く盛行した。

光徳寺
（こうとくじ）

那須塩原市百村。曹洞宗。霊泉山と号す。境内には村唯一の水源、護安沢が流れ、参道の杉並木は美しい。1493年に下総国葛飾郡山王山村の東昌寺2世能山聚芸が開創し、下野国那須郡福原村の永興寺3世理岩宗察が中興したと伝える。〈百村の百堂念仏舞〉‡は、旧暦7月15日に村内の数多くの堂や祠を廻って奉納する盆行事だったが、現在は4月29日に当寺を発ち東福寺、西の辻、百村鎮守愛宕神社と巡って舞を奉納している。一行は、竿頭に楠木正成を頂く見事な大纏とともに、

笛の音に合わせて梅若念仏を唱えながら街道を流し、色鮮やかな衣装を纏った形振・鐘木切・太鼓打ちが、光明遍照や岡崎、トウトノマイ、綾念仏などを美しく踊る。百堂念仏は芳賀郡茂木町の松倉山観音堂にも伝承されている。

愛宕神社（あたご）　日光市川俣。愛宕山に鎮座。一帯は「天狗の棲み処」と伝え、大日如来や毘沙門天の石像や行屋跡がある。社の棟札には「奉納愛宕大権現守護」と1504年の銘があることから、古くからの山岳修験道場であったと考えられる。山頂には今宮大権現（今宮様）が祀られ、麓には大将塚（太夫塚／上人塚／平家塚／御塚様）とよばれる墳丘がある。1月20日の二十日祭（山之神祭／山神祭）では、山の神の当渡し（1年交代の祭りの当番の本宿と甘酒宿の引き継ぎ）が行われ、元服の男子（数え年20歳）がいる年は翌日に〈川俣の元服式〉†（名付け）を行う。両祭式では〈川俣の三番叟恵比須大黒舞〉が奉納される。8月20日には〈川俣今宮様のオコモリ〉が行われ、小若衆が今宮様の御神体を山裾の仮屋に迎えて祀り、翌日は大将塚で獅子舞を奉納する。

今宮神社（いまみや）　鹿沼市今宮町。二荒山（男体山）へ登拝して日光三社権現を祀った勝道上人が、御所の森（鹿沼市泉町）にも社殿を設けて同神を祀ったのが始まりという。1535年には日光神領惣政所の壬生綱房が鹿沼城を築く際に鎮守として現在地へ遷したと伝える。後に鹿沼宿の氏神とされ、日光山鹿沼今宮大権現と崇められた。昔は旧暦3月や旧暦6月に行われ、現在は10月に行われる例大祭（鹿沼秋祭り）では、付け祭り（鹿沼ぶっつけ秋祭り）として〈鹿沼今宮神社祭の屋台行事〉†が行われる。日光東照宮を想わせる豪華な彫刻を施した屋台が氏子各町から曳き出され、各町内を回った後で一番町を先頭に神社へ繰り込む。境内で囃子を奉納した後、夕方には提灯を灯して町内へ繰り出し、市中を引き回す。巡幸は翌日も行われる。境内では〈奈佐原文楽〉‡の上演もある。

妙見神社（みょうけん）　鹿沼市上粕尾。発光路の鎮守。1595年に日光から遷されたという。古く山伏の峰修行の地であった横根山の登拝口にあり、日光修験が虚空蔵菩薩を祀ったのが最初と思われる。虚空蔵菩薩は明星（金星）や妙見（北斗七星）に化身するとされ、星宮大権現や妙見大菩薩の本地仏とされた。修験道廃止と神仏分離で虚空蔵堂の多くは星宮や妙見神社とされた。1月3日の神事の後に公民館（郷土文化保存

伝習館）で行われる〈発光路の強飯式〉[†]も山伏の伝承で、日光山輪王寺や生岡神社の強飯式と同様、日光責の流れを汲む。呼び使いが太夫（祭り当番）らに酒を注ぐ当渡しが済むと、山伏と強力が登場し、「酒なら33杯、湯が5杯、強飯75膳がお定まり、1粒1菜の許しはないぞ！」と大声を上げ、太いザクマタの責め棒で太夫らの首根を押さえて高盛りの赤飯を強いる。

生子神社（いきこ）　鹿沼市樅山町（もみやままち）。瓊々杵神（ににぎ）を祀る。昔は樅山明神と称したが、1549年に痘瘡（とうそう）で死んだ氏子の子どもが明神の霊験で蘇生するという奇跡があり、以来「生子神社」と崇められ、痘瘡平癒と育児の神として信仰を集めるようになったという。9月19日頃の秋祭りには子どもの健やかな成長を祈願する〈生子神社の泣き相撲〉[‡]が奉納され、大勢の人々で賑わう。境内の御手洗（みたらせ）の池とよぶ湧水（ゆうすい）で身を浄めた力士が社前の土俵に上がり、行司の呼び出す幼児を東西の土俵から抱き抱え、行司の軍配を合図に掛け声とともに高く揺すり上げて取り組ませる。先に泣いたほうを勝ちとするのは、「泣く子は育つ」との信仰に基づくものであろう。1月には「日の出祭り」があり、神前に42種の供物（くもつ）をあげて弓取り式を行う。

関白山神社（かんぱくさん）　宇都宮市関白町（かんぱくちょう）。鎮守府将軍の藤原利仁（としひと）を祀る。利仁は下野国高蔵山（こうぞうざん）で貢調を略奪した群盗数千を鎮圧し、一帯を荒し回っていた蔵宗・蔵安の鬼兄弟を退治したと伝え、その没後に村人が墓を建てて利仁の霊を祀ったのが始まりという。1879年に高座山神社を創建し、後に関白の笹沼氏が奉仕していた、白山大権現（菊理姫命（くくりひめのみこと））を祭神とする関白山神社を合祀したとされる。8月に奉納される〈関白獅子舞（きずい）〉は、利仁の葬儀で3匹の獅子が闇を破った奇端を再現するものとされ、〈天下一関白神獅子舞（まんまだ）〉ともよばれている。県下に広く分布する関白流獅子舞の始祖（家元）と考えられている。境内に9尺四方の〆縄（しめなわ）を張り、その中へ籾殻を撒いてつくった場で、一人立三匹獅子が平庭（ひらにわ）・蒔寄（まきよせ）・唐土（とうど）の舞・弓くぐり・四方固め・芝隠し・御子舞（鬼退治）の7庭を舞う。

間々田八幡宮（ままだ）　小山市間々田（おやま）。思川（おもいがわ）の舟運や日光街道の往来で栄えた宿場町間々田の鎮守。当社への戦勝祈願により平将門を討ち取った藤原秀郷（ひでさと）が神饌田（しんせんでん）を奉納したことから「飯田の里」とよばれるようになったという。境内の一部は公園として開放され、市民の憩

いの場となっている。5月5日に行われる〈間々田のジャガマイタ〉‡は田植えを前に五穀豊穣や厄払いを祈願する祭りで、子どもたちが長さ15mを超える7体の藁蛇を担ぎ「蛇が参た」の掛け声とともに町中を練り歩く。間々田の竜昌寺の住職が旱魃の際に、釈迦誕生時に八大竜王（はちだいりゅうおう）が雨を降らせた故事に因み、竜頭蛇体をつくって雨乞いと疫病退散を祈禱したのが始まりという。1960年頃までは釈迦降誕会（花祭り）の旧暦4月8日に行われていた。蛇体は藁（わら）や竹、藤蔓（ふじづる）、羊歯（しだ）、鮑（あわび）の貝殻などでつくり、昔は尾の尻剣（しりけん）に卒塔婆を用いたという。

大日堂（だいにちどう） 真岡市中郷（もおかしなかごう）。1658年、日光の中禅寺湖畔にあった大日堂の荒廃を嘆いた良念法印が本尊の大日如来像を、日光を開山した勝道上人の生誕地である、真岡市南高岡の仏生寺で祀ろうと運び出したが、中郷の僧智善に請われて当地で祀ることになったのが始まりという。例大祭は8月で、悪疫・災禍を祓う護摩焚き供養と〈大日堂獅子舞（ししまた）〉が行われる。獅子舞は開創時に始めたと伝え、女獅子・中獅子・大獅子の一人立三匹獅子が、街道下り、入羽、本庭、獅子おこし、御山かえりなど、素朴で神秘的な舞いを繰り広げる。栃木県で最も古典的な獅子舞といわれ、真岡市田町の般若寺の施餓鬼（せがき）にも奉納されている。般若寺は阿弥陀如来が本尊で、真岡藩主・稲葉正成（春日局の夫）の菩提寺として知られ、稲葉家が崇敬した薬師如来像（関東91薬師59）を安置している。

鶏足寺（けいそくじ） 足利市小俣町（あしかがしおまたちょう）。石尊山（せきそんざん）の南西麓に建つ。本尊は五大明王。奈良東大寺の僧定恵が、石尊山の鳴動で出現した釈迦の石仏を本尊として世尊寺（せそんじ）を創建し、後に比叡山の円仁が現在地に堂塔を整備して仏手山金剛王院と号したのが始まりという。平将門の乱の時、定有法印が土で将門の首をつくり調伏法（ちょうぶくほう）を修したところ、結願日（けちがんび）に将門は打ち取られ、土首には鶏の足跡がついていた。この奇端から現称に改め、梵鐘（ぼんしょう）を鋳造したという。その後衰退したが、1269年に高野山金剛三昧院頼賢（こんごうざんまいいんらいけん）の法弟で下野薬師寺長老の良賢が中興、真言宗慈猛流の総本山となった。8月14日の〈石尊山の梵天祭り〉では、白装束の若者が15mの杉丸太と1,000体余りの梵天（幣束）（へいそく）を麓の石尊不動尊から担ぎ揚げ（ふもと）、山頂の奥ノ院石尊宮に奉納する。山中には釈迦岩や山婆の腰かけなど、背筋の凍る絶壁が点在する。

朝日森天満宮
（あさひもりてんまんぐう）

佐野市天神町（てんじんちょう）。藤原秀郷の子孫、足利家綱が唐沢山城中の天神沢に創建したと伝える。家綱は讒言（ざんげん）で冤罪（えんざい）に陥れられ、九州の大宰府へ流されて安楽寺に住したが、そこはかつて菅原道真が住んだ場所であった。奇縁を感じた家綱は、道真を祀る大宰府天満宮に無実の罪が晴れるよう一心不乱に祈念したところ、まもなく故郷に帰ることができたため、その偉大な神恩に感謝して大宰府から分霊を勧（かん）請（じょう）し、菅神廟（しんびょう）を建てたという。1602年に現在地へ遷座され、佐野の氏神として崇められた。7月の佐野夏祭りは、当宮と鐙塚（あぶつか）の星宮神社の夏祭りで、佐野の25町会が年番で執行している。山車の上で演じられる〈鐙塚の宮比講神楽〉（みやび）は、19世紀前半に伝えられた神田囃子系の里神楽（さとかぐら）で、十八番はオカメの子守りと速狐（はやぎつね）の舞で、俗にヒョットコ踊りとよばれている。

伝統工芸

益子焼

地域の特性

　栃木県は関東北部に位置し、那須連山、日光連山、足尾山地が連なり、鬼怒川、那珂川、渡良瀬川が肥沃な関東平野の北端を形成している。古代から開けた土地で国宝「那須国造碑」を始め国分寺、下野国分尼寺跡や古墳が点在し、「殺生石」、西行の「遊行柳」、芭蕉の句碑、平家物語の最も有名な段の一つ、屋島の戦いで船上に揺れる扇の的を射抜いた那須与一の墓など数々の史跡が残されている。

　「殺生石」は、那須岳の麓の那須町にある溶岩の大塊。鳥羽天皇の寵姫玉藻前に化けた金毛九尾のキツネが殺されて石に化したという伝説が伝わり、今も硫化水素ガスが噴出する妖気漂うスポットである。那須野が原一帯は昔から石だらけの荒地で稲作は難しく、むしろクワの栽培に好適だったので養蚕が盛んになった。昭和時代初期の最盛期には約5000軒の農家が上質な繭を出荷し、那珂川周辺は一大産地となった。また、明治の元勲松方正義が軍服の需要を見込んで牧羊農場を経営するなど、広大な農地そのものが魅力に溢れた景観となって別荘地としても発展した。

　県中部は工業地域であるが、県都宇都宮市や鹿沼市、真岡市などは農業地帯でもあり、米づくりや生産高日本一のイチゴ、特産のカンピョウなどが栽培されている。カンピョウは伝統工芸品であるふくべ細工の材料ともなる。県南は小山市や栃木市、足利市など茨城・群馬両県とつながりが深く伝統的に繊維産業が盛んである。県北は飛鳥・奈良時代から続く那須・塩原温泉郷。江戸吉原の名妓、高尾太夫の生まれ故郷でもある。日光東照宮、輪王寺を始め、華厳ノ滝や中禅寺湖など風光明媚な観光地が多く、世界中から旅行者が訪れる。

伝統工芸の特徴とその由来

　小山市は隣接する茨城県結城市とともに結城紬の生産地として知られている。「糸質強靭、染色堅牢、製法精緻にして雅趣に富む」と絶賛される日本の紬織物の最高峰で、2010（平成22）年、ユネスコ無形文化遺産に登録された。

　綿の産地真岡市も茨城県の下館市と接している。柔らかな肌触りと染め上がりのよさで、「特岡」と称されたが、「特岡」の「岡」は真岡の「岡」で、上等な木綿生地のことを「岡生地」と言い慣わしてきたとされる。江戸時代、真岡市周辺や下館市にかけてはワタの栽培が盛んで、真岡市は農家の女性たちが農作業の合間に織った木綿の集散地でもあった。関東では、16世紀の三浦木綿に始まり、千葉海岸を中心に綿花の栽培が行われていたが、手紡ぎの綿糸で織られる真岡木綿は「青梅縞」「結城縞」と並ぶ関東の代表的な織物とされた。主に藍花色、浅葱色に染められて着尺地となった。明治時代初期頃には、武州各地（埼玉県）でも織られたが、明治時代中期に名古屋の商人が輸入の紡績糸を使って、真岡木綿をまねて「岡木綿」として売り出した後は、手紡ぎの真岡木綿はコストが格段に異なることから競争力を失い、農家の自家消費程度になって市場から消えたとされている。

知っておきたい主な伝統工芸品

益子焼（真岡市、益子町、茂木町、市貝町）

　益子焼には健康的な素朴さがみなぎっている。黒地に茶、飴色、糠白など色合いは地味ながら、ほどよい重さの茶碗やマグカップ、居酒屋好みの角皿、大胆なかけ流しの大皿など組み合わせは自由自在、センスの見せどころとなる。ある世代にとって、益子焼は「峠の釜めし」であり、濱田庄司であり、民藝であり、用の美そのものである、と言ったら言い過ぎであろうか？

　益子焼は1853（嘉永6）年、大塚啓三郎が益子町内の大津沢に陶土を発見しやきものを始めたことから始まった。当時は黒羽藩の領地だったため、黒羽藩は1856（安政3）年、藩の産業振興策として彼を支援した。大塚は以前笠間焼に従事していたが、相馬焼の流れを汲む友人を呼び一緒に仕事をしたので、窯は創業当初から笠間焼、相馬焼などの影響を受けている。

1864（元治元）年には、6軒の窯元が操業し、製品の多くは川船で江戸に出荷、藩指定の商人によって販売された。1871（明治4）年には廃藩置県が行われたため、黒羽藩の御用窯であった窯元がそれぞれ民窯として出発した。

明治時代中期には壺、甕、鉢、土鍋とともに土瓶が大量につくられた。駅弁とともに販売されたお茶容器（汽車土瓶）の東日本唯一の生産地でもあった。明治時代末期には、東京を中心にガスや電気の普及で生活様式が変化し、土鍋や土瓶は金属性の鍋ややかんに取って代わられ、販路を首都圏から東北地方、北海道に求めた。しかし、1923（大正12）年の関東大震災では廃墟と化した東京圏の復興とともに、再び需要が増した。

イギリスで陶芸作家として成功し、1924（大正13）年に帰国した濱田庄司は、柳宗悦の民藝運動に共鳴し「真に美しいものは技巧をこらしたものではなく、つくり手の健康な暮らしの中から生まれる」と益子焼を評価し、地元に住みながら民芸陶器づくりを行った。窯元にも影響を与え、それまでの生活用品のほかに食卓容器や花器などもつくるようになった。

この地の良質な新福寺粘土、北郷谷粘土を使い、轆轤、型起こし、手ひねりなどで成形し、素地に刷毛目や飛び鉋の技法で模様がつけられた後、呉須（磁器の染付けに用いる鉱物質（青藍色）の顔料）、鉄砂、銅などの絵付けがなされ、天然の赤粉や黄土から柿釉や黒釉、藁灰、木炭、糠灰を用いた糠白釉などの釉薬がかかることにより、落ち着いた素朴なやきものがつくり出されている。

1955（昭和30）年頃から、日本経済も発展し、民芸品の認識の高まりとともに、「益子焼窯元共販センター」をつくり、新しい販売形態として注目された。その後、やきものを志して益子に移り住む人も増え、伝統的なものだけではなく、個性的な仕事も目立つようになった。

真岡木綿（真岡市）

かつて「真岡」といえば、そのまま木綿の代名詞として通用したほどに隆盛をきわめた綿織物である。手紡ぎならではの柔らかい肌触りと素朴な風合いが特長。経緯ともに細糸の緻密な小幅織物で、丈夫で質がよく、絹のような質感もあり、さらに染め上がりをよくする晒し加工にも優れ、絶大な人気を誇った。白生地で出荷され、藍染を施して、着尺地、浴衣地のほか、裏地や足袋に加工された。

文化文政～天保年間（1804～44年）が最盛期で、年産38万反ともいわれ、当時の江戸の木綿問屋はこぞって真岡木綿を求め、仕入れ高の約8割が真

岡木綿だったという記録も残されている。しかし明治時代以降、開国によ
る輸入綿糸流入などにより、地場産業としての基盤を失い、第二次世界大
戦後はそのまま途絶えてしまった。

1986（昭和61）年、真岡商工会議所の肝いりで、「真岡木綿保存振興会」
が設立された。綿花の栽培、糸紡ぎ、染色、織り上げまで一貫して手作業
による工程を復元、機織り技術者養成講座も開設されて、真岡木綿会館で
は現在、17名が在籍して技術継承を担っている。

間々田紐 (小山市)

間々田紐とは、地名でもあるが民藝の柳宗悦によ
る命名と伝えられている。草木染めした絹糸を丹念
に手組みした組紐で、帯締め、羽織紐などの和装品のほか、ループタイや
ネックレスなどがつくられている。

鎌倉時代から受け継がれてきた技術に、小山市の渡辺浅市が創意工夫を
凝らして創案したもので、手仕事ならではの柔らかさがある。1922（大正
11）年、初代渡辺浅市が東京の組紐問屋深井誠太郎商店で修業に励み、帰
郷して間々田に下請けとして店を構えたのが始まりである。1955（昭和
30）年、江戸時代創業の紺屋、日下田博の草木染めの糸による作品が、来
訪中の柳宗悦の高い評価を得て、柳の命名により、間々田紐と称されるこ
とになった。命名の由縁は「真田紐」と「間々田」の響きが似ていたからと
か。「真田紐」は戦国の武将真田昌幸が刀の柄を巻いたとされる木綿糸で
織った偏平な紐である。創作活動にも弾みがついて、1976（昭和51）年に
は日光東照宮額賀宮司の依頼でローマ教皇へ献上される法衣のベルトを制
作した。1986（昭和61）年には息子の操が2代目浅市を襲名、現在は孫の
靖久が3代目を継いで間々田紐の名を高めている。

日光彫 (日光市)

日光彫とはトチやカツラなどの木地を漆などで塗装
し「ひっかき」と呼ばれる独特の刃物で彫刻を施した
器物である。「日光盆」ともいわれ、お盆や手鏡、小箪笥などがつくられて
いる。1634（寛永11）年、日光東照宮造替のために、徳川家光の命で全国
から集められた名匠たちが余技としてつくったのが始まりとされる。宮大
工、彫物大工、漆工、金工、絵師など、集まった職人は延べ168万人、う
ち彫刻大工は40万人に及んだという。完成後も補修や整備にあたりながら
日光に残った大工たちは、江戸時代の末頃から参詣客の土産物を手掛ける
ようになり、明治時代にはさらに海外からの観光客も増え、彫刻を施した

キャビネットやテーブルなど輸出用の小家具を制作するようになった。

　彫刻のモチーフはボタン、キク、ウメ、サクラなど植物が主で、東照宮の彫刻文様を模したものとされる。「ひっかき」は先端を60度ほどに折り曲げた線彫り用の三角刀で、手前に引いて用いる。もともとは社殿修理の際、掻き落としにくい個所に塗られた漆を除去するために先端を折り曲げ、手前に引いて掻き落とす手道具であった。これが彫りに使用されるようになり、彫刻用三角刀として改良が加わり日光彫独特の刃物になった。この刃物から生み出される男性的な曲線と木地の美しさが日光彫の眼目である。

天明鋳物 (佐野市)

　天明鋳物とは下野国天明（現・佐野市）でつくられる鋳物で、特に茶釜で知られる。始まりは平安時代の939（天慶2）年、平将門の乱のため、藤原秀郷が武具制作者として河内の鋳物師を招いたことに遡る。武器、湯釜、仏像などが制作された。室町時代からは、茶の湯の流行と相まって湯釜の制作が盛んになり、その野趣に富んだ素朴な作風が茶人に好まれ「西の芦屋（現・福岡県芦屋町）に、東の天明」と並び称された。粘土と砂で鋳型をつくり、徐々に焼き締め、鉄または合金の「湯」を流し込んで固める。美しさの中に荒々しさと重厚さが漂う風格のある釜である。中でもこの地でつくられた「平蜘蛛釜」は天下一の名物と謳われ、所持していた松永弾正が信長への差出しを拒んで離反、落城する中、釜を壊して果てたというほどに、執着を誘う名品であったといわれている。

　天明鋳物は現在も茶道具を始め、美術工芸品や日用品など、その伝統を伝えているが、子どもたちのためにも天明鋳物製のベーゴマ大会を通してふるさとの歴史に触れる機会を提供するなどなかなかの人気を博している。

烏山手すき和紙 (那須烏山市)

　烏山手すき和紙の特徴は厚みがあって丈夫なことである。程村紙、機留紙、押絵紙、染紙が生産されているが、中でも「厚紙の至宝」と称される程村紙は、1977（昭和52）年に記録作成等の措置を講ずべき無形文化財に登録され、原料はナスコウゾと限定されるほか、次のような条件が定められている。「紙肌の緻密なこと、漂白していないこと、コウゾ以外の不純物が入っていないこと、特有の雅美を有すること、『西ノ内紙』より厚手であること」などである。折り目の切れにくさに定評があり、皇室儀式用の懐紙を始め、卒業証書、版画用紙などに用いられている。

起源は、飛鳥時代後半とされ、774（宝亀5）年に正倉院に奉納された写経料紙1万5000張のうちの4000張が下野産であるという記録が残されている。鎌倉時代には、越前の国から手漉き職人を招いて那須奉書が漉き始められ「那須紙」として全国的な知名度を得た。

　近代になると、烏山和紙を代表する程村紙が、1901（明治34）年に西の内紙とともに選挙用紙に指定されたのを受け、1905（明治38）年に栃木県茨城県製紙改良組合が組織された。当時の記録によると組合員数934、販売業者28、原料商25、原料生産高9万4244貫、組合としての売上20万5050円とされていた。しかしながら、機械漉きの和紙に押されて、手漉きの伝統を受け継ぐのは現在ただ1社のみとなっている。

鹿沼箒（鹿沼市） 鹿沼箒の特徴は、柄のつけ根を 蛤 型に編み上げた独特の形状とかがり糸の美しさ、そしてもちろん掃き心地のよさにある。かつて関東全域はもとより、全国どこででも手にできる誰もが知る日本一の箒であった。

　その始まりは、1841（天保12）年、荒井喜右衛門が江戸練馬よりホウキ草の材料となるホウキモロコシの種をもち帰り、花岡村（現・鹿沼市）に試植したことからとされている。鹿沼土としても知られる土壌は水はけがよく、ホウキ草の栽培には好適で、幾度もの品種改良を経て、明治時代以降、鹿沼市はホウキ草の一大産地となった。

　鹿沼市のホウキ草の特長は長い丈夫な穂先と、茎の柔らかさである。側面の「耳」といわれる突起には、表面にでない穂が始末されるため、美しい蛤型にするには茎のしなやかさが大事だからである。

　しかしながら、全国に販路を広げていた鹿沼箒は1955（昭和30）年代に入ると電気掃除機の急速な普及により、需要が激減して現在ではほとんど生産されなくなった。手許用の小さな箒まで、コードレスの便利な掃除機にとって代わられる時代に、逆風の中で鹿沼箒の継承を託されたのは、名人であった祖父の背を見て育った若い一人の女性である。地元産の無農薬・無化学肥料にこだわったホウキ草の栽培から始めて、最も難度の高い蛤型の編み込み技術を習得し、一生使ってもらえる箒づくりを目指している。「箒は一生使い続けられるもの。代が変わってから買うものです。毎年買い替えるような消耗品ではありません」と。

民　話

地域の特徴

　栃木県の東部は茨城県に接し、八溝山地や那珂川が南北に延びる。西部は男体山を中心にした足尾山塊を有し、裾野から渡良瀬川が埼玉県に向かう。福島県に接する北西から東には高原・那須連山が位置し、中央から南に流れる鬼怒川流域は肥沃な関東平野の北端になる。

　里地・里山に恵まれた栃木県は、昭和30年代までは、北部の葉煙草・養蚕、南西部の麦・養蚕・カンピョウ・麻など、畑作を中心に稲作・牧畜・林業と多様な営みがあった。現在は、イチゴ・ウド・アスパラなどの商品作物の他、牧畜、稲作も行われる。東北自動車道・北関東自動車道の高速道路や東北新幹線開通など、東京が近くなり生活や経済環境が変化している。

　古代に東山道が南北を貫き、国分寺・薬師寺・古墳が点在する栃木県は、群馬県とともに「毛の国」と呼ばれ、渡良瀬川を境にして群馬県側が上つ毛國（上野）、栃木県側が下つ毛國（下野）と分かれる。古代的な景観の残る文化的な風土が、日光戦場ヶ原伝説・長者屋敷伝説・殺生石伝説などを生み出してきたといえる。

伝承と特徴

　県内では、『下野伝説集　あの山この里』『下野伝説集　追分の宿』『栃木の民話第1集・第2集』『しもつけの伝説1〜8』『栃木のむかし話』など、教育関係者による伝説の収集・再話が多い。

　以上の伝説集の大まかな内容を整理してみると、まずは日光の神やマタギ由来など山に関わる信仰伝説、勝道・円仁などの高僧および民間の地蔵伝説など、仏教色の伝説がある。一方、西行の遊行柳や、那須の殺生石、時頼の鉢の木など謡曲を題材としたもの、坂上田村麻呂や義経、義家など歴史的人物にまつわるものなど、多様な展開をみせている。これは栃木の

地理的、文化的環境が影響すると同時に、それを教育的な立場から心がけて収集した編者たちの成果を示したものといえる。

『日本昔話通観8　栃木・群馬』に「語りの場は、那須・八溝地域での葉煙草のしや烏山和紙づくりの中にあった」とある。おろか村譚の「栗山話」や「へっぴり嫁」などの滑稽譚を語ることで、野良仕事の疲労やうっ屈を解消したのであろう。

栃木県史編纂（1970年代）後や市町村史編纂事業（1980〜90年代）による民話の採集・記録化後、それらを生かした民話語りや各地での民話継承活動がさかんに行われている。

おもな民話（昔話）

大晦日の火　嫁と姑の仲が悪い家があった。嫁を追い出すために「大晦日の火種を絶やさないでくろ。」と姑が先に寝る。嫁は薪をいっぱいくべて寝る。夜中に姑が薪に水をかけて消す。火が消えた囲炉裏を見た嫁は家を出るが、明かりを持った人に会い「火を分けてください。」と頼む。その人は「火を分けてやっから、この箱を納屋の隅でもいいから置いてくろ。」と言う。嫁は火種をもらってお雑煮を作るが、十日経っても受け取りに来ない。嫁の不安な様子を心配した夫に事情を話し、二人で恐る恐る箱を開けてみると、中は全部お金。嫁は一部始終を姑にも話し、お互い仲良く暮らす（『湯津上村誌』）。

「大歳の客」ともいう昔話である。この昔話を地域の語り部の会で紹介した時、嫁姑関係で困っているので、この話は語りにくいという声を聞いた。現実の生活が昔話に反映している例といえる。

へっぴり嫁　器量も体格もよいのに、屁ぴりが災いして縁遠い娘がいた。心配した親が仲人に嫁ぎ先を見つけてもらう。屁を我慢している嫁に「身体を悪くするがら、屁ぐらいひってもいいんだよ」と姑が言う。嫁は「おっかさんひっから戸縁にぎっちり摑まっていどごれ」と言う。姑は「そんなに強い屁なのげ」と言う。嫁は「しっかり摑まっていでおごれ」と「ぶうー」と始まる。屁の勢いは大風だか竜巻だか分からない。戸縁に摑まっていた姑は、着物も脱げ飛んで茅屋根の煙出しの口端で体も吹き飛ばされそう。「屁の口止めろ、屁の口止めろ。とでもお前を置いておぐごどはでぎねえ」と嫁を連れて家を出る。途中で、柿の実を取

れずに困っている男達に「でっがい男らが、こんな柿をとんのに骨折ってら。おらなら屁でも落とせるよ」と柿の実を落とす。米俵を運ぶのに難渋している男たちも屁で助ける。姑さまは「嫁の屁はたいした屁だ。こんなたした仕事をする屁ぴり嫁さまをおん出すことはできね」と謝り二人仲良く戻る（『芳賀町史通史編民俗』）。

「でっかいことこきやがって」という口調に、話しことばの魅力が込められている。滑稽譚ではあるが、嫁姑の関係も巧みに織り込まれている。青年団の集まりや講（庚申講や十九夜講）でよく語られたという。昔話は子どもだけに向けて語られたのではない。

ばか婿さま

婿が実家で馬をもらい「風呂敷にしまって持って帰っぺと思ったら馬が風呂敷から逃げっちまった」。舅は「そりゃだめだ。手綱付けで引っ張って行がねがら逃げっちゃったんだ」。次に「所帯が大変だっぺ」と茶碗や瀬戸物をもらい「今度はちゃんとすっぺ」と、手綱をしっかりと付けでガシャラゴシャラと帰って来たが、全部粉々になっていた。

「栗山話」（愚か村譚）は、県内各地に分布する。おそらくは、『栗山の話　栃木県芳賀郡土俗資料第二編』の影響が大きいと思われるが、「日光参詣の土産話として参詣者が道々に語り伝えたこと」（『日本昔話通観8 栃木・群馬』による）もあろう。

『野木町史　民俗編』に「白い犬を焼き殺した灰で花を咲かせる花咲かじじい」が記録されているが、語り収めは「悪いことはしてはいけない」と教訓的である。悪を強調するために犬を焼き殺すという語り口になっているのであろう。県内の昔話全般にいえることだが、語り収めはほとんど崩れて、どこか教訓的口調になっている。

半殺し皆殺し

薬屋さんがある家に泊めてもらう。家の夫婦が「今夜は半殺しにするか（ボタモチ）皆殺しにするか（餅）」と話している。薬屋はびっくりして何も持たずに逃げ出す（『芳賀町史通史編民俗』）。

登場人物が「薬屋」というところに、行商人や職人の姿が映る。語り手の阿久津シゲ子は、会津田島から芳賀町に嫁いだ。シゲ子は、近所の目の不自由なおばあさんから昔話を聞いて育ったという。語りの系譜や伝播状況が深く関係している。

お小夜沼　むかし、太吉お小夜という仲の良い夫婦がいたが、お小夜が病で寝込むと太吉は家を空ける。神社に妻の病退散の願掛けしていたのを知らなかったお小夜は、嫉妬のあまり大蛇になり沼に棲みつき村人を悩ます。村では人身御供を差し出すことで大蛇の怒りを鎮めることにする。室の八島の神主大沢掃部のひとり娘が生贄となる。そこに親鸞聖人が来て七日七夜念仏を唱え大蛇を菩薩に変えて難を救う（『栃木の民話第1集』）。

　室の八島は、「下野や室の八島に立つ煙はただこのしろとつなし焼くなり」で知られ、歌枕の地でもある。水神信仰を反映した「お小夜沼」も、室の八島と関わり、また、佐渡流罪放免後に親鸞が行った関東布教の歴史に結びついた伝説になっている。

　板室の沼ッ原（那須塩原市）に「蛇嫁入り」、鬼怒沼にも「五十里洪水」など大蛇伝説がある。

竜宮のお膳　手彦子の大島家の娘に、毎夜若侍が訪ね来る。不思議に思った村人が、侍の袴の裾に糸を付けて追って行くと五行川の渕に着く。糸は竜宮まで続いていたという。この淵で「明日はお客さんが来るので膳が欲しい」と頼むと、渕の所に依頼した数のお膳が用意されるが、10膳だけ返しそびれ、竜宮のお膳として大島家に伝わる。

　大島家では、田植えを行う前夜の丑三ツ時、赤飯を入れたワラットを二つ、当主が後向きに歩いて渕に投げ入れる。ワラットが堰（せき）に残っていると良くない年、引っ掛かっていないと良い年になる（『芳賀町史通史編民俗』）。

　「椀貸伝説」と「異類婚姻譚（蛇婿入譚）」を混在させた内容で、水気のない関東平野北部の、水への憧憬から生まれた伝説の面をもつ。江戸時代の『那須記』『那須拾遺記』にも記録され、柳田國男も「機織御前」で注目した伝説である。氏家（現・さくら市）の鬼怒川の「椀貸淵」や渡良瀬川（足利市）の「白鞍の淵」など、栃木県には椀貸伝説が多い。

小丸山の鬼退治　延喜2（902）年5月の頃、高林の小丸山の蔵宗・蔵安兄弟鬼が人々を困らせていた。醍醐天皇の勅命を受けた藤原利仁将軍が大軍を率いて陣を敷く。兄弟鬼の猛攻に苦慮した利仁将軍は、村人に大木を集めさせ大槌（おおぎり）を作らせる。利仁将軍は大槌を駆使

して兄弟鬼を鎮圧し、豊かな土地という意味の「高林」と命名する（『黒磯市誌』）。

　この伝説は『栃木県民俗芸能誌』の「天下一神獅子由来之巻」から派生したとされ、県内に広く分布する民俗芸能「一人立三匹獅子舞」（関白流獅子舞）の由来譚として、羽黒山（現・宇都宮市〔河内〕）に伝わる。

　歴史の道を往来した漂泊芸能民や修験者による唱導文芸の徒の影が漂う伝説で、古代東山道の記憶が強い。

見（乾）養院（黒羽堀之内）の西行桜

那須与一宗隆に会った西行法師が、雲雀を殺さず捕獲する弓術を宗隆に教える。宗隆は領内の見養院に西行を案内し、名木の糸桜を見せる。花は散り青葉だったが樹容の美しさは格別。西行は「さかりにはさぞな青葉の今とても心ひかるる糸ざくらかな」「東にも花見る人もあるやらん色香ものこる糸ざくらかな」と詠み都に上る（『ふるさと雑記―世代間の対話』）。

　日光には、「西行戻石」として、「冬ほきて夏枯るる草を刈りに行く」という童子の歌が解けずに去る西行伝承がある。那須地域では『平家物語』の「扇の的」の英雄那須与一と結びつく。青葉の桜の和歌は「中野の楓」（那須塩原市）、「西行桜」（大田原市）などとも関わる。歌人西行を聖化して伝承化した、江戸時代の文人墨客たちの交流・交歓を連想させる。

足緒のねずみ

男体山を開いた勝道上人が中禅寺湖のほとりで修行していた頃である。粟の穂を咥えた白鼠が上人の足元に来る。上人は鼠の足に紐を結んで後を追う。鼠は山を越えて貧しい老夫婦の家に上人を誘い入れる。老夫婦の住む岩山の祠に大黒様が祀られている。大黒様を祀るために老夫婦が作った洞窟。老夫婦の信心深さが白鼠を上人に引き合わせた。上人は心打たれて足尾と命名する（『栃木の民話第2集』）。

　昔話の「ねずみ浄土」を連想させる。「伝承と特徴」の項で触れたように、県内には高僧伝承が多い。勝道上人の他、慈覚大師（円仁）や弘法大師（空海）などがおり、弘法大師の事跡は「弘法清水」として県内各地に残る。

　さらに、「遊行柳」「殺生石」「放下僧」「鉢の木」など、謡曲や歌舞伎の題材になった伝説が県内に点在する。「殺生石」「遊行柳」「鉢の木」はよく知られているので解説しないが、上田秋成は『春雨物語』の「樊會」で、大盗賊樊會が大悔悟する場面として「殺生石」を生かしている。秋成は「大

中寺の七不思議」（栃木市）からも「青頭巾」（破戒僧を救う高僧の話）を翻案している。戯曲作家でもあった川口松太郎（1899〜1985）による「蛇姫様」も、映画や新劇の「新蛇姫様」と姿を変え、昭和30年代に「お島・千太郎」で広く知れ渡った。

おもな民話（世間話）

狐に化かされた話

これも『芳賀町史民俗編』による。

昔、祖母井の備前屋という魚屋が番台を担いで「おお深い、おお深い」と言いながら。ソバ畑の中を汗びっしょりになって歩いている。近くの人が聞くと、夜からずっと番台を担いで歩いていたと言う。実は狐に化かされていたことになる。

「狐に化かされた話」は、県内各地に残るが、特に那須・八溝地域に多い。殺生石伝説や初午神事の「しもつかれ」奉納による稲荷信仰が関係していよう。

ほかにも、2月1日の「川浸り」（河童に引き込まれないように、餅を搗いて川に流す。下流の人が拾って食べると風邪をひかないという）の由来譚もある。

九尾の狐と殺生石

地域の特徴

栃木県は北関東三県の中央、北は福島県、東は茨城県、西は群馬県、南は茨城県・埼玉県・群馬県と接する海のない県である。中央部から南は関東平野が大きく開けているが、県の東部には八溝山地、北部から西部は帝釈山地・足尾山地が連なる。ここには関東以北では最高峰白根山がそびえ、那須や日光の火山群がある。その西部の山々には、遠く太平洋に注ぐ水源をもつ河川がある。

そのひとつ那珂川は那須岳山麓にその源流があり、八溝山地を抜けて東から茨城県の海へと流れて、江戸時代から鮭の遡上で知られていた。鬼怒川や渡良瀬川も栃木県の山間部から流れ出ているが、関東平野のなだらかな傾斜とともに南下し、いずれも茨城県で利根川と合流して茨城県と千葉県を経由して海へと注いでいる。

こうした山間部の地域と南部の平野部とでは、古くは那須国・下野国といった古代行政区画、あるいは近世の支配関係といった地域のなりたちにも違いがみられ、それが風土の違いにもつながっているようでもある。後に下野国の一国となって久しいが、地理的条件・歴史的条件のなかで、文化的にはいくつかのまとまりをもって発展してきたといえよう。

伝承の特徴

栃木県は、内陸県で海はない。しかし、海との関連性がまったくないわけではない。県中央部古峰ヶ原の古峯神社は、漁民の信仰篤く、茨城県の漁村からの代参があり、海との交流が盛んである。こうした他県との交流に多様性をもっているのが、栃木県の特徴ともいえよう。江戸時代に五街道として整備される以前から、奥州道中は東北地方とをつなぐ主要な道で、物流を支えていた。また、徳川将軍を祀る日光山とともに整備された日光道中は、奥州道中とともに東北と関東の動脈となっていた。下野各地に開

かれた交通路は、さまざまな文化の交流をそれぞれの地域にもたらし、接する他国は下野国とつながることによって世界が広がると期待していたようである。海路を閉ざされた会津藩は会津西街道を整備することによって江戸との距離を縮めた。これは言い換えるならば、下野国が奥羽地方とつながることを意味していた。下野国は交通網によって開かれた、関東以西と東北地方との文化の結節点であった。

また、栃木県を語るうえで、雷雨は欠かせないものである。雷雨日数が多く、8月から9月は激しい雷雨に見舞われるところも少なくない。県の南部では「三杯雷様」「三把雷様」といって、雷雲が現れてから、ご飯を3杯食べるまで、あるいは稲を3把刈り取るまでに、雷雨がやってくるとされるほど、雷雲の移動が速いとされていた。そのため、雷神信仰も盛んで、県内各地に雷電神社が祀られている。県内の妖怪伝承には、雹や雷など天候を司る法力をもつ天狗の存在を聞くことができる。

主な妖怪たち

小豆洗い　小豆を洗うような音が聞こえる怪。笹がこすれ合う音が、これと似た音に聞こえると伝えるところも多く、笹藪の近くで小豆洗いの話を聞くことができる。佐野市上羽田町のカテキサマもこれにあたるものだが、宇都宮市一条町には、小豆坂とよばれる坂があり、かつてはここも、風が吹くと笹の葉がこすれあい、小豆を洗う音に似ていたことから坂の名がついたという（『宇都宮の民話』）。夕方に現れ、子どもをさらっていくとされるところも多く、その出現場所としては、笹藪以外にも橋の下や水のほとりなどをあげることができる。茂木町では「ギャッカギャッカチャカ」「ゴッチャゴッチャ」と音をたてるとしているが、「小豆とぎましょうか大豆とぎましょうかゴショゴシ」などと、その音が言葉で表されることもある。茂木町には米とぎ婆さまという妖怪もおり、「米とぎ婆さま晩方さあらさら、薬師様さあらさら、子どもさろべとさあらさら」といって現れるとされている（『芳賀郡土俗研究会報』1）。

河童　水辺に現れて、悪戯（いたずら）をすることで人間と接触をする。頭頂部に皿があり、馬や人間を水の中に引き込もうとする。河童はしばしば人前に現れては悪戯をする。佐野市小中にある旗川の赤淵には、河童が住んでおり、悪戯が絶えなかった。そこでスイカ畑に番小屋をつくり監視

することになった。河童は鎌で片手を切り落とされ、老人の姿となって光照院の住職のもとを訪ね、手を返してもらうよう懇願する。その後、住職が大和長谷寺入門の際、河童はつながった手のお礼にと、自身の背中に住職を乗せて、大和川を渡ったという話が伝わっている（『栃木の民話』第二集）。また、毎年12月1日にカビタリ餅（カビタレ餅）を川に供えるところでは、これを河童に由来する餅として伝承しているところが多い。例えば、さくら市では、鬼怒川に現れる河童に対する人身御供があったという。ところが、期せずして毒餅を川に落として河童が死んだことから、以後、餅のみを供物とするようになったといい、これをカビタリ餅と称して、水神に供えるものとしている。ここでは、河童が水神との関連性をもって語られている（『氏家町史　民俗編』）。

　このほか、薬の製法を河童から伝授された家もある。鹿沼市磯町では、現在は製造されていないが、河童から痔の妙薬の製法を伝授されたという家がある。付近を流れる小倉川に河童渕とよばれるところがあり、そこでは魚の盗難や牛馬を川に引き込まれるといったことが続いたという。この家の先祖山形刑部が相撲を取ってこれをこらしめると、河童はこれまでの悪事をわびて、薬の製法を教えて小倉川を立ち去ったのだという（『続子どものための鹿沼のむかし話』）。

カテキサマ

佐野市上羽田町の龍江院に伝来するエラスムス像（重要文化財「木造エラスムス立像（伝貨狄像）」）のこと。カテキサマ（貨狄様・貨狄尊）とよばれ、近年まで境内の観音堂に祀られていた。異国人の姿をしたこの像は、中国の黄帝の家臣で船を発明したという、貨狄を像としたものと伝えられていたが、大正時代になってその姿がオランダ人のエラスムスをかたどったものであることがわかった。本来この像は、1600（慶長5）年、豊後国府内に漂着したリーフデ号の船尾の飾りであったようで、徳川家康に仕えた御持筒頭を務めていた旗本牧野成里が、菩提寺であるこの寺に寄進したものである。成里がなにゆえこの木像を所蔵していたかは、諸説あって明らかではない。

　しかし、『寛政重修諸家譜』に、成里は文禄の役で、貨狄像を持ち帰ったと記されており、そのためにリーフデ号のエラスムス像とは知られず、「貨狄様」「貨狄尊」と伝えられたと思われる。西洋人の姿をかたどったこの像は、古くから異形のものにみえたらしく、寺の近辺では、カテキサマ

とよぶほかに「小豆とぎばばあ」とよんでいる人々もいた。もとはこれを祀る観音堂が、龍江院より北側の笹が生い茂った塚の上にあったという。風が吹くと笹のこすれ合う音が、あたかも小豆洗いが小豆を洗うがごとく聞こえたという。夕方遅くまで遊んでいると、このカテキサマ（エラスムス像）がさらっていくと伝えられていた。

鎌鼬（かまいたち） つむじ風に巻き込まれ、思いもよらず皮膚などに傷ができるとされる怪。このような現象は鎌鼬（かまいたち）の仕業とされている。芳賀郡では、鎌を担いでいると、鎌鼬にかかるといわれていた（『旅と伝説』94号）。三好想山（みよししょうざん）の『想山著聞奇集』（しょうざんちょもんきしゅう）には、野州大桑村（日光市）の鎌鼬についての記述がある。これによれば、大桑村では、きわめて強い村人が、本人も気がつかないうちに内股に5寸（約15cm）ほどにわたり、骨が出るほどの深い切り傷を受けた。ここでは、深い田んぼに入っていたら傷口ができたのだといい、風に当たって傷ついたのではなく、鳥とも獣とも鬼ともしれず、目に見えないものによって切られることの不思議さを書き記している。現代でも鎌鼬の伝承は生きており、オートバイ事故で転倒したライダーの傷が、傷口の大きさのわりに出血しなかったことから、鎌鼬の仕業ではないかと噂されたことがある（『下野民俗』32）。

ガンゴジ
角の生えている鹿の化け物。明治時代には、子どもが泣くと、年寄りたちは「ガンゴジに食われる」とか「ガンゴジメが来た」と言って脅かしたという（『民族と歴史』6-5）。柳田國男は『妖怪談義』（ようかいだんぎ）で『嬉遊笑覧』（きゆうしょうらん）などを引いて、ガゴ・ガゴゼなどの子どもを脅かす妖怪は、それらにしるされる元興寺の鬼に由来することを否定し、中世の口語体「咬（か）もうぞ」がその起源と考えた。柳田も下野芳賀郡（はがぐん）の事例としてガンゴージを引いているが、ここでは角が生えている鹿ということから、鬼のようなものと考えられていたと思われる。

九尾の狐と殺生石
九尾（きゅうび）の狐（きつね）は、白い顔で金の毛におおわれた九つの尾をもつ狐。本来は瑞獣（ずいじゅう）であったが、女性に化けて人々を惑わすものとされている。殺生石（せっしょうせき）はその怨霊から毒気で命を奪う石。その物語は、室町時代から知られており、能『殺生石』や御伽草子『玉藻（たまも）の草子（そうし）』などにみることができる。九尾の狐は、平安時代、唐の国から日本に渡ってきて玉藻前（たまものまえ）という女性に化けて鳥羽上皇の寵愛（ちょうあい）を受けていたという。上皇は病に伏し、陰陽師の悪魔払いの儀礼によって、

その正体が九尾の狐であることが判明する。狐は那須野が原に逃げ、そこで悪事をはたらくが、これを聞きつけた上皇は三浦介・上総介に命じて追討する。那須周辺にはその旧跡があり、矢板市の玉藻前稲荷神社にある鏡ヶ池は、蝉に化けていた九尾の狐の正体が映し出された場所とされ、ここで三浦介の射った矢に狐は倒れたという。この池のほとりには、これを供養した稲荷社が祀られている。九尾の狐の怨霊は、その後、大きな毒石となり、近づく者の命を奪っていく。そのため、この石は殺生石とよばれるようになった。1385（至徳2）年、これを聞いた曹洞宗の僧源翁心昭は、殺生石の供養にあたり、槌を用いて石を砕いた。その砕かれた破片は全国各地へ飛び散ったとされ、各地の殺生石の由来ともなっている。また、砕いた槌はゲンノウとよばれるようになった。

静か餅

夜中に餅を搗くような音のする怪。益子町では、人によってではあるが、丑の刻に「コツコツ」と餅を搗くような音が聞こえることがあるという。この音が遠方から近づいてくると「シズカモチに搗き込まれる」といって開運に恵まれ、音が遠ざかると「シズカモチに搗き出された」といって運が衰えるといわれていた。すなわち、臼を搗くこの音は、聞こえ方で家運を知る占いのような役割があった。搗き込まれた人は箕を後ろに向いて出すと、財産が入ってくるといわれている。茂木町では、夜、ドシンドシンと餅を搗く音が聞こえると長者になるといわれ、これを隠れ里の米つきといった（『芳賀郡土俗研究会報』1）。

ズイトン

夜、雨戸の穴に尻尾を入れる妖怪。芳賀町東高橋では、子どもが遅くまで起きていると「ズイトンが来るぞ」とおどかされたという。ズイトンは主屋に雨戸の穴をみつけると尻尾を入れてきて、ズーイと引っ張るのだという。その抜けたときにトンと音がすることから、ズイトンとよばれているが、その姿はわからない。

天狗

山に住む妖怪。日光には数万の天狗がいるといわれ（『仙境異聞』）、古峯ヶ原に大天狗隼人坊、日光には東光坊という天狗がその世界を支配していたという。そうした天狗の社会を、江戸幕府は警戒し、徳川将軍の日光社参が行われるその前年、降魔神とともに天狗らに対して、将軍社参のあいだ立ち退くよう、水野出羽守が発令した制札の写しが残っている。これによれば、この命に応じて、鹿沼市の古峰ヶ原の大天狗隼人が、その間、日光に住む大小の天狗に対して、分散するように触れを出し

たことが記されている（「日光社参に付制札写」文政7［1824］年）。

　また、天狗の伝承は、その法力を身に付けたものが、特定の家と結びついて、語られることがある。例えば、下野市の旧薬師寺村に鎮座する天狗山雷電神社の伝承がそれである。ここには小島という姓の家があり、その子どもが家出をして何十年ぶりかで帰宅したという。その子は寝姿を見てはならないと、家族に告げ部屋にこもったが、家人はのぞいてしまう。するとわが子は、8畳間いっぱいに羽を広げて寝ていたという。親と子のあいだで「見ていない」「見たろう」の押し問答の結果、子どもは家を出て行くことになる。その際、この村に嵐は呼ばない、雹は降らせない、もし降ったら自分は死んだものと思ってくれ、と言い残して去っていった。何年かしてこの村を嵐が襲い、これをもって人々はその子が死んだと思い、小島天狗とよぶようになり、天狗山雷電神社として祀るようになったという（『南河内町史　民俗編』）。このように、特定の家の子どもが天狗の霊力を体得し、天候を司る特殊な能力をもつ話は、雹除けを約束した鹿沼市酒野谷のじろさく天狗などもこれにあたる（『酒野谷の民俗』）。このほか、栃木市にある大平山では、天狗がトイレで酒を飲んでいると、高校生のあいだで語られている（『下野民俗』39）。

モンドリバア

　　　　　　　那須塩原市百村に現れた山姥。那須岳に近いこの地に、モンドリバアとよばれる年老いた山姥が現れ、人々を困らせたという。鉄砲自慢の男が傷を負わせたことから、現れることはなくなったという（『下野の伝説』）。

雷獣

　　　　　雷の発生に伴い出現する獣。栃木県は群馬県とともに雷電神社が広く分布するほど、夏ともなると雷の発生が日常的である。落雷とともに現れるとされる雷獣（らいじゅう）は、江戸後期の橘 南谿（たちばななんけい）が著した『北窓瑣談』（ほくそうさだん）に、下野烏山（からすやま）（那須烏山市）のものが記される。同書によれば、雷獣はその姿はネズミに似ているが、イタチより大きいという。4本の足の爪はたいへん鋭い。夏は、山のあちこちにある穴の中にいて、首を出しながら空を見ている。夕立が起こりそうな雲が現れると、それを見極めて雲の中に飛び入るのだという。この周辺では、雷獣が種芋を掘って、食い荒らしてしまうこと甚だしいので、春頃には雷獣狩りを行っているのだという。生態を記し、その対応として駆除していることから、実態あるものとして雷獣を想定している。

高校野球

栃木県高校野球史

　栃木県で最初に野球部が誕生したのは宇都宮中学（現在の宇都宮高校）で，1896年のことである．1923年夏に宇都宮商業が栃木県勢として初めて甲子園に出場，翌24年夏には宇都宮中学が初勝利をあげている．

　戦後は宇都宮工業，宇都宮商業，作新学院高校の3校が県内で覇を競った．まず，58年夏に作新学院高校が甲子園初出場を果たすと，いきなりベスト4まで進出．

　翌59年夏，宇都宮工業が決勝戦まで進み，延長15回の末に敗れて準優勝．62年には作新学院高校がエース八木沢荘六を擁して選抜に出場して初優勝を達成した．続いて夏の大会にも出場，八木沢投手に赤痢の疑いが出て出場停止になるというアクシデントに遭いながらも春夏連覇を達成した．

　昭和の怪物，作新学院高の江川卓投手が甲子園にデビューしたのが，73年選抜である．1回戦の対北陽高校戦では19三振を奪い，打球が前に飛んだだけで拍手が湧いた．続く小倉南高校戦は7イニングで10奪三振，準々決勝の対今治西高校戦も1安打20奪三振と完璧な投球を見せたが，準決勝で広島商業にダブルスチールで敗れた．

　続いて夏も甲子園に出場，初戦で柳川商業のプッシュ打法と5人内野の守備に苦しみながら延長15回で振り切ったが，2回戦の対銚子商業戦で延長12回の末，押し出し死球で敗退した．

　栃木県では75年から1県1校となった．翌76年選抜では小山高校が準優勝，86年選抜では宇都宮南高校が準優勝している．

　89年夏には佐野日大高校が甲子園に初出場を果たし，2014年選抜でベスト4に進んだ．

　00年春，作新学院高校は21年振りに甲子園の土を踏んでベスト8まで進むと，11年以降は9年連続夏の甲子園に出場．16年夏には全国制覇し，県内で1強状態を築いている．

【秘話】怪物江川の県大会

　一定の年代以上では，戦後の高校野球を代表する選手として作新学院高の江川投手をあげることが多い．単純に甲子園での成績だけからすれば，PL学園高校の桑田真澄投手や，横浜高校の松坂大輔投手の方がまさっているが，投手個人の力で比較すると江川が上だと言わざるを得ない．

　江川には，桑田や松坂と決定的に違う点が二つある．一つは桑田のPL学園高校や，松坂の横浜高校はチーム自体に力があり，桑田や松坂が登板しなくてもかなり強いチームであった．それに対して，江川のいた作新学院高校は江川がいて初めて成り立つチームだった．

　そしてもう一つの違いは，江川は負けた試合も含めほとんど打たれていないということだ．桑田や松坂と対戦するチームの監督が「いかにして打ち崩すか」を考えたのに対し，江川と対戦するチームの監督は，「江川を打てるわけがない．どうすれば打たずに勝てるか」を考えたのである．

　しかし，江川の本当のすごさは県大会にあった．1年生夏には早くも完全試合を達成．2年夏と3年夏の栃木県大会の結果は次のとおりである．

2年生夏

2回戦	対大田原高校	ノーヒットノーラン
3回戦	対石橋高校	完全試合
準々決勝	対栃木工業	ノーヒットノーラン
準決勝	対小山高校	9回ノーヒットノーランも延長11回敗退

3年生夏

2回戦	対真岡工業	ノーヒットノーラン
3回戦	対氏家高校	ノーヒットノーラン
準々決勝	対鹿沼商工	1安打完封
準決勝	対小山高校	1安打無失点で途中降板
決　勝	対宇都宮東高校	ノーヒットノーラン

　2年間で9試合に登板して完全試合1試合にノーヒットノーラン5試合．残り3試合も完封と無失点で途中降板．唯一負けた試合も9回まではノーヒットノーランとまったく打たれていない．

足利工 （足利市，県立）
春0回・夏6回出場
通算1勝6敗

　1885年創立の足利織物講習所が前身で，95年栃木県工業学校として創立．1901年県立工業学校，22年県立足利工業学校と改称．48年の学制改革で足利工業高校となり，51年県立足利工業高校と改称した．

　1899年創部．1956年夏北関東大会決勝で群馬県の藤岡高校を延長21回の末に2−1で破って甲子園に初出場を果たした．72年夏に初勝利をあげている．

宇都宮工 （宇都宮市，県立）
春5回・夏4回出場
通算12勝9敗1分，準優勝1回

　1923年県立宇都宮工業学校として創立．48年の学制改革で宇都宮第二工業学校（夜間）を統合して，宇都宮工業高校となる．

　創立と同時に創部．戦後，50年夏に甲子園初出場でベスト4に進むと，59年夏には栃木県勢として初めて決勝に進み，延長15回の末に西条高校に惜敗した．近年は，2002年選抜に出場している．

宇都宮商 （宇都宮市，県立）
春3回・夏1回出場
通算1勝4敗

　1910年栃木県立商業学校として創立し，22年県立宇都宮商業学校と改称．48年の学制改革で県立宇都宮商業高校となる．翌49年宇都宮市立商業学校を統合．

　23年に創部すると，いきなり全国大会に栃木県勢として初めて出場した．79年選抜では久留米商業を降して初戦を突破している．近年では2013年選抜にも出場．

宇都宮南高 （宇都宮市，県立）
春2回・夏5回出場
通算7勝7敗，準優勝1回

　1976年に創立し，同時に創部．83年夏に甲子園初出場，86年には選抜初出場で準優勝している．その後も出場を重ね，2004年夏から2年連続出場した他，08年選抜にも出場している．

小山高 (小山市, 県立)

春2回・夏4回出場
通算5勝6敗, 準優勝1回

1918年小山町立小山農商補習学校として創立. 35年小山実業青年学校, 36年小山実業学校と改称. 48年の学制改革で小山高校となり, 51年県立小山高校と改称.

35年創部. 68年夏に甲子園初出場, 76年選抜では準優勝した. 近年では2003年夏に出場している.

鹿沼商工 (鹿沼市, 県立)

春0回・夏2回出場
通算0勝2敗

1903年私立上都賀学館として創立. 09年上都賀郡立農学校となり, 21年県立に移管. 22年商業科を設置して県立鹿沼商学校となった. 48年の学制改革で県立鹿沼農商高校と改称. 52年農業・林業課程が独立して, 鹿沼商工高校となる.

22年創部し, 26年に北関東予選に初参加. 鹿沼農商時代の65年夏に甲子園初出場. 67年夏にも出場した.

国学院栃木高 (栃木市, 私立)

春4回・夏1回出場
通算7勝5敗

1962年国学院大学の一貫として創立し, 同時に創部. 85年夏に甲子園初出場. 87年春に初勝利をあげると, 2000年選抜ではベスト4まで進んだ. 18年選抜にも出場している.

作新学院高 (宇都宮市, 私立)

春10回・夏15回出場
通算39勝22敗1分, 優勝3回

1885年下野英学校が創立. 88年私立作新館, 99年下野中学校と改称. 1941年作新館高等女学校が創立. 47年に両校を統合して, 中等部・高等部を持つ作新学院となる.

02年に創部. 58年夏甲子園に初出場するとベスト4まで進み, 62年には史上初の春夏連覇を達成した. 73年には怪物江川卓投手を擁して春夏連続出場. 79年選抜に出場後しばらく低迷していたが, 2000年春に21年振りに甲子園に復帰, 以後は強豪校として活躍. 11年からは夏の甲子園に9年連続して出場し (2020年は中止), 16年には優勝している.

佐野日大高 （佐野市，私立） 春4回・夏6回出場
通算9勝10敗

　1964年日大の附属校として創立し，同時に創部．89年夏甲子園に初出場して初戦を突破すると，以後は常連校となる．97年夏にはベスト8に進み，2014年選抜ではベスト4まで進出した．

栃木高 （栃木市，県立） 春1回・夏1回出場
通算1勝2敗

　1896年栃木県尋常中学校栃木分校として創立．99年栃木県第二中学校，1901年県立栃木中学校と改称．48年の学制改革で県立栃木高校となる．

　23年の第9回大会から予選に参加．33年夏に甲子園に初出場してベスト8に進出．翌34年選抜にも出場した．戦後は出場していない．

白鷗大足利高 （足利市，私立） 春1回・夏3回出場
通算2勝4敗

　1915年創立の足利裁縫女学校が前身．51年足利学園高校として創立された．94年白鷗大学足利高校と改称した．

　60年創部．足利学園高校時代の75年夏に甲子園に初出場し，鹿児島商業を降して初戦を突破．白鷗大足利高校に改称後も，2008年夏，14年春に出場している．

文星芸大付高 （宇都宮市，私立） 春2回・夏10回出場
通算14勝12敗

　1911年宇都宮実用英語簿記学校として創立．15年宇都宮実業学校と改称．戦後の学制改革で宇都宮学園高校となった．2003年文星芸術大学附属高校に改称．

　1921年創部．宇都宮学園高校時代の61年夏に甲子園初出場，88年選抜ではベスト4まで進んでいる．文星芸大付属高校と改称した後も，2006年夏から2年連続して夏の甲子園に出場した．

⊙栃木県大会結果（平成以降）

	優勝校	スコア	準優勝校	ベスト4		甲子園成績
1989年	佐野日大高	1－0	足利学園高	葛生高	鹿沼商工	2回戦
1990年	葛生高	5－2	日光高	足利工	佐野日大高	初戦敗退
1991年	宇都宮学園高	10－0	葛生高	国学院栃木高	宇都宮南高	初戦敗退
1992年	宇都宮南高	3－2	佐野日大高	作新学院高	宇都宮学園高	3回戦
1993年	佐野日大高	2－1	葛生高	足利工大付高	国学院栃木高	初戦敗退
1994年	小山高	8－3	足利高	葛生高	佐野日大高	初戦敗退
1995年	宇都宮学園高	6－1	作新学院高	宇都宮商	宇都宮南高	初戦敗退
1996年	宇都宮南高	4－0	宇都宮工	国学院栃木高	葛生高	3回戦
1997年	佐野日大高	7－5	葛生高	栃木工	大田原高	ベスト8
1998年	佐野日大高	6－5	白鴎大足利高	小山高	矢板中央高	初戦敗退
1999年	栃木南高	8－5	小山西高	栃木商	宇都宮工	初戦敗退
2000年	宇都宮学園高	3－2	葛生高	小山西高	真岡高	2回戦
2001年	佐野日大高	4－2	作新学院高	小山高	国学院栃木高	2回戦
2002年	小山西高	3－2	宇都宮学園高	矢板中央高	国学院栃木高	2回戦
2003年	小山高	10－7	作新学院高	国学院栃木高	文星芸大付高	初戦敗退
2004年	宇都宮南高	5－2	葛生高	栃木工	足利工大付高	初戦敗退
2005年	宇都宮南高	6－2	国学院栃木高	宇都宮工	小山高	初戦敗退
2006年	文星芸大付高	7－1	佐野日大高	青藍泰斗高	小山高	2回戦
2007年	文星芸大付高	7－3	宇都宮南高	国学院栃木高	青藍泰斗高	3回戦
2008年	白鴎大足利高	6－2	宇都宮南高	小山南高	文星芸大付高	初戦敗退
2009年	作新学院高	5－0	宇都宮工	青藍泰斗高	佐野日大高	初戦敗退
2010年	佐野日大高	6－3	作新学院高	宇都宮工	栃木工	初戦敗退
2011年	作新学院高	17－5	宇都宮商	文星芸大付高	国学院栃木高	ベスト4
2012年	作新学院高	3－1	宇都宮工	文星芸大付高	宇都宮北高	ベスト8
2013年	作新学院高	3－2	青藍泰斗高	佐野日大高	白鴎大足利高	3回戦
2014年	作新学院高	7－1	佐野日大高	大田原高	白鴎大足利高	初戦敗退
2015年	作新学院高	9－2	国学院栃木高	白鴎大足利高	青藍泰斗高	3回戦
2016年	作新学院高	15－6	国学院栃木高	矢板中央高	茂木高	優勝
2017年	作新学院高	15－1	国学院栃木高	青藍泰斗高	文星芸大付高	初戦敗退
2018年	作新学院高	2－0	白鴎大足利高	宇都宮工	青藍泰斗高	初戦敗退
2019年	作新学院高	6－2	文星芸大付高	宇都宮商	青藍泰斗高	ベスト8
2020年	（3回戦のブロック決勝で終了）					（中止）

やきもの

益子焼（大皿）

地域の歴史的な背景

　関東地方は、その南部が平野と丘陵からなっており、北部が山地である。面積で見ると、いわゆる関東平野という平地と、それを取り巻く丘陵の一部が平野部に突出するかたちの地形が大半を占めている。

　その平野と丘陵はほとんどが火山灰土で覆われている。いわゆる関東ローム層である。関東ローム層は、土壌がやせている。地下水位も低く、したがって水田には適さない。そこで、畑が開かれて畑作地帯になった。

　そうした所では粘土も掘り出しにくい。もっとも、簡単に粘土を求めようとするなら、水田を掘ればよいのだが、関東地方には水田がきわめて少ないのでそれもかなわなかった。

　もう一つ、堆積土や風化土の中に粘土層があるが、これも関東地方では露出面が少ない。

　なお、磁器の原料である陶石の採掘は、全国的に見ても数カ所に限られており、それも関東地方では望むべくもなかった。

　つまり、関東地方では産業化できるほどの原料に恵まれなかった、ということになる。

　その意味で、関東も北東部に当たる益子や小砂、それに笠間（茨城県）に窯場が発達したということは、自然の摂理というものであった。その辺りまでは関東ローム層が及んでおらず、地表近くに粘土層が存在するのである。

　ただ、それは、やきものの原料としては、決して良質とはいいがたい。益子辺りの粘土は、粒子が粗くて焼腰が強すぎる。だから、厚手に成形するしかなく、それでも完全に焼固しにくい。つまり、いかにせよその原料からは、完成度の高い瀟洒なやきものはつくれないのである。そこ

で、益子焼や小砂焼では雑器に活路を開いた。それも、あくまでも自然の理にかなった展開であったのだ。そこには、相応の工夫が重ねられた。そのことは、評価しなくてはなるまい。

それが、近年になっての民芸ブームの中で、それまでとは違う視点から注目を集めるようになっている。現在、益子の窯場はすっかり様変わりして、日本を代表する民芸陶器として愛好者や観光客を集め、にぎわっているのである。

主なやきもの

益子焼

益子焼は、益子町（芳賀郡）で焼かれた陶器で、その開窯は幕末の頃である。嘉永6（1853）年、笠間から益子の農家大塚平兵衛へ婿養子に入った大塚啓三郎が笠間焼（茨城県）の技術を持ち帰って始めた、とされる。以後、黒羽藩の奨励によって発展し、明治年間には東京を始め関東一円に販路を広げた。さらに大正時代に入ってからは、東北・北海道にまでも製品が普及していった。

笠間焼は、信楽焼（滋賀県）の系統をひいたとされる。その笠間焼から分れたとされる益子焼も、初めの頃は、茶色の鉄釉や白濁釉、緑釉を用いた壺や甕、擂鉢などの大物雑器が多かった。明治の末頃からは、土堝や土瓶などの小物類も焼かれ、鉄道売りの茶土瓶や釜飯の土釜なども量産された。

土瓶の中では、特に化粧地に鉄釉や呉須で山水や松竹梅を描いた土瓶が、明治末から大正時代にかけて大量に製造された。「益子土瓶」として名をはせ、アメリカにも輸出されたほどである。

また、小さな蓋壺や湯たんぽの評判もよかった。形も薄手で、滑らかな素地に飴色の釉薬がのっており、その上に白の釉薬が波状に掛けられたものが多かった。

民芸の益子焼としてその名を高めたのは、大正13（1924）年以来、民芸運動の中心人物である濱田庄司がこの地に定住して活動して以来のこ

とである。濱田は、柳宗悦を中心とした民芸運動と呼応して、民衆の中に育つ生活雑器の美しさの再発見・再生産を提唱した。益子焼に限らず、全国の民窯に少なからぬ影響を与えた作家、といってよい。

　現在は、益子には400軒にも及ぶ窯元・作家がみられ、日本で最も活況を呈する窯場の一つになっている。そこで多く焼かれているのは、皿・丼、鉢・湯呑茶碗・徳利・猪口・蓋壺などで、いずれも厚ぼったい形で鉄釉や灰釉がたっぷりと掛けられたもの。昔通りの雑器が中心ではあるが、土瓶や湯たんぽにみられた軽快な色調は、ほとんどみられない。民芸ブームにのって、中には実用品としてあまり適さないものや、作家の手による高価な作品も生み出されるようになった。

　なお、毎年ゴールデンウイークの頃と11月3日前後に「益子大陶器市」が開かれ、500を超える店舗が出て、大勢の客でにぎわっている。

小砂焼

　小砂は那須郡馬頭町にある。馬頭町は、江戸期には水戸藩領であった。9代藩主徳川斉昭は、藩内に窯業を興すことを図り、陶土を探させた結果、天保元（1830）年に蛙目粘土を発見。その後、紆余曲折を経て、嘉永4（1851）年に小砂の村役であった大金彦三郎が築窯し、御用品の試し焼きを行ったのが小砂焼の始まり、と伝わる。

　やがて、周辺住民の日常雑器を焼くようになった。甕や擂鉢、皿、壺などである。白土の化粧釉の上に飴釉・緑釉・白濁釉などの流し掛けやコバルトによる絵付がなされたものが多い。素地は、半磁器質のため緻密で硬く、丈夫である。

　幕末から明治にかけて、窯元は7軒ほどあった。明治の一時期は、益子よりも活況を呈していた、という。だが、明治末には、その半数近くが廃窯した。鉄道が通じておらず、運搬面で笠間焼や益子焼に大きく及ばなかったことがその要因の一つといえよう。

　しかし、小砂では、明治29（1896）年、村立大山田工業補習学校（後の大山田陶器学校）を創設して実業教育を実施。さらに、明治42（1909）年には乙種中等学校の陶器学校を設立するなどして、先進的窯業地を目

指した。だが、結局、その実現はならなかった。

なお、栃木県には、他に赤津焼、梓焼、薄室焼、平野焼などがあったが、いずれも廃窯している。

 Topics ● 鉄道とやきもの

鉄道とやきものの関係は深い。

例えば、益子焼は、当初は、近郊農村やせいぜい宇都宮を市場として販路が開かれた。それまで栃木県では大規模な窯場がなかったので、生活の実用面からは潜在的な需要が大きかった。が、県内需要に対応するだけでは、窯場の発展は望むべくもなかった

明治14（1881）年、東北本線が開通（上野駅－宇都宮駅間）。それが益子焼にとって有利に作用した。東京に最も近い窯場となったのだ。ちなみに、水戸線の開通はそれよりも遅れたので、益子焼の親窯である笠間の窯場よりも早く東京市場に進出できたのである。

その益子焼の陶器を扱ったのが、上野駅に近い浅草の卸商たちであった。彼らは、上野駅に着く北関東や東北各地の陶磁器や木製品を主商品として躍進。鉄道開通以前から西日本各地の品を扱って街区をなしていた日本橋の蠣殻町の問屋筋に対抗する勢力をもつようになる。やがて、合羽橋界隈に厨房・台所用品の専門問屋街ができるのである。

益子焼に限らず会津本郷焼・相馬焼など、東日本の製品が東京の市場にさらに販路を広げて定着するのは、関東大震災（大正12〈1923〉年）が起因している。壊滅状態となった東京では、生活物資の供給が緊急に必要となり、比較的値段が安く、また至近の距離にあって運搬に時間のかからない所の製品が重用されたからである。そして、それを扱う合羽橋の問屋街もさらに大きく発展することとなったのだ。

Topics ● 益子陶芸美術館と栗田美術館

　益子陶芸美術館は、平成5（1993）年に開館した。以来、濱田庄司（明治27〜昭和53〈1894〜1978〉年）や島岡達三（大正8〜平成19〈1919〜2007〉年）など益子を代表する陶芸家や、彼らにゆかりのある陶芸家の作品を展示している。さらに、濱田庄司と交流のあったイギリス人陶芸家バーナード・リーチを始め、リーチ工房初期の陶芸家の作品や欧米の現代陶芸作品も紹介。近年は、年に3〜5回の企画展も開催してきた。なお、敷地内には「旧濱田庄司邸」を移築し、その前には生前に濱田庄司が愛用した「登り窯」を復元している。

　栗田美術館は、昭和50年（1975）年、足利市の実業家であった栗田英男（大正元〜平成8〈1912〜1996〉年）によって足利市郊外に創設された。江戸時代に肥前鍋島藩で生産された鍋島焼と伊万里港から出荷された通称伊万里焼（有田焼）を所蔵する世界屈指の陶磁美術館である。豊かな自然に恵まれた3万坪の広大な敷地には大小20余りの格調高い建造物が点在し、名陶が常時展示されている。

　これらの美術館をもってしても、栃木県は、関東を代表するやきものどころなのである。

IV

風景の文化編

地名由来

宇都宮が県庁所在地になった訳

　現在の群馬県と栃木県一帯は、古来「毛野国」と呼ばれていた。『国造本義』によれば、仁徳天皇期に上下の2つの国に分割されたと言われる。都に近い方から「上野国」「下野国」とされた。それだけ一体感の強い地域で、現在でも栃木県と群馬県の県境は入り組んでいて判別のつかない場合がある。

　栃木県でやはり疑問になるのは、県庁所在地が「宇都宮市」で、県名となった「栃木市」はそれとは別に存在することである。北関東の中核都市としての宇都宮市は圧倒的な存在感を誇っているが、なぜ県名は「栃木県」となったのか。そのからくりを解明してみたい。

　「栃木県」の謎を解く鍵は明治2年（1869）2月に置かれた「日光県」にあった。これは廃藩置県の2年前のことで、全国的に見て極めてまれなケースであった。それだけ新政府が「日光」を重視していた証しである。政府は「府藩県三治制」のもとで、まず藩以外の旧幕府直轄地を支配下に置こうとした。そこで、まず目をつけたのが真岡であった。真岡は幕府が直接支配していたところで、ここを押さえることによって日光を支配できると考えたのである。

　ところが、明治4年（1871）7月の廃藩置県を経て同年11月には「日光県」は「栃木県」に、一方宇都宮藩を中心に「宇都宮県」が成立したことによって、現栃木県のエリアには、「栃木県」「宇都宮県」の2つの県が並立することになった。この並立状況は2年後の明治6年（1873）6月に「栃木県」に統合されることになる。当時、なぜ「宇都宮県」ではなく「栃木県」に統合されたかであるが、それは当時は栃木のほうが栄えていたからと言ってよいだろう。もともと栃木は、天正19年（1591）に小山氏の流れをくむ皆川広照によって栃木城が築城されて始まった町だが、その後は城下町というよりは商業の都として発展してきた町であった。とりわけ渡良瀬川

の支流に当たる巴波川沿いの舟運の町として栄えていた。

　栃木県の県庁が宇都宮に移ったのは、明治17年（1884）のことである。すでにその頃には、戊辰戦争で廃墟と化した城も町も整備されたこともあるが、最も大きな理由は明治の中頃になって、交通・運輸ルートが舟運から鉄道に移行しつつあったことであろう。そのような歴史的流れから県庁が栃木から宇都宮に移ったと考えてよい。

　もともと日光は、8世紀末に下野国出身の勝道上人が開山したことが始まりとされ、釈迦が生れたとされる補陀落山への信仰から生まれた地である。「補陀落」から「二荒山」（男体山）が生まれ、この「二荒」を「ニッコウ」と音読みすることによって「日光」という地名が生まれた。

　「宇都宮」という地名も、この「日光」に関連して生まれたと考えられる。市内にある「二荒山神社」の別称を「宇都宮」と称したところに由来するとされている。

とっておきの地名

①宇都宮　宇都宮市の中心部にある明神山（標高135メートル）に鎮座する「二荒山神社」に由来することに関してはほぼ意見は一致している。主祭神は「豊城入彦命」だが、この神は崇神天皇の第一皇子で、天皇の名で東国の蝦夷を鎮めたとされている。「毛野国」の祖と言われる。

　二荒山神社は関東に多く見られるが、中でもこの宇都宮と日光の二荒山神社が有名で、どちらが本家なのか意見が分かれている。どちらも下野国の一宮を名乗っているが、日光が奈良時代末期に勝道上人によって開かれたとしたら、宇都宮二荒山神社の方が古いと言ってよいだろう。「補陀落」が「二荒」になり、それが「日光」になったことはすでに述べた通りだが、この宇都宮二荒山神社も何らかの意味で補陀落信仰にかかわりがあったと言ってよいだろう。

　由来については、日光から「移し祀った」とか、「討つの宮」とか諸説あるが、「一宮」の転訛したものとする説がいちばん信憑性が高い。

②喜連川　奥州街道の宿駅として知られ、中世の資料には「喜連川」の他、「狐川（河）」「喜烈川」「来連川」などと表記された。「狐

川」の由来としては、「平安末の近衛天皇の時代、那須九尾狐が暴れていた頃、荒川の上流に老大狐が生息しその影を荒川に映したため荒川を狐川とよぶようになった」という。(『栃木県の地名』) ただし、これは単なる伝承で、単に「流れ来る川」あるいは奈良の「木津川」のように、「木材を流す川」といった程度の意味とも解釈される。残念なことは、このような由緒ある喜連川と氏家町を合併して、平成17年(2005)に「さくら市」などという無味乾燥な市名にしてしまったことだ。

③鬼怒川（きぬがわ）　栃木県の北部の山間部に発して一気に南に流れる一級河川で、利根川水系の支流としては最も長い全長約177キロメートルを誇る。江戸時代までは現在の茨城県南部、千葉県北部に広がっていた香取海に注いでいたが、家康による利根川東遷事業によって、利根川の支流ということになった。河川の名はこの一帯がもともと「毛野国」（けぬのくに）であり、そこを流れる大河であったことから「毛野河」と呼ばれていたことに由来する。江戸時代には「衣川」「絹川」とも表記されたが、いずれも衣や絹を流したように美しい川ということで、「毛野川」であったことには変わりない。

「鬼怒川」という表記は明治以降のものであり、鬼怒川上流にある「鬼怒沼」には絹姫にまつわる伝説もあるが、それはある時期に作られた話であると見てよい。

④戦場ヶ原（せんじょうがはら）　もとは「赤沼原」「閼伽沼原」とも言った。「閼伽」とは仏前に供える水もしくはその容器を意味し、日光を開祖した上人がここに湧く水を献上したことに由来すると考えられる。男体山の噴火に伴う溶岩が湯川を堰きとめてつくられた湖が陸地化してできた乾燥湿原で、標高約1,400メートル、面積約9平方キロメートルに及ぶ。

「戦場ヶ原」という地名には、男体山の大蛇と群馬県の赤城山のムカデがここで領地争いをして、大蛇が放った矢がムカデの目に命中して男体山が勝ったという伝説がある。その戦いの場所を「戦場ヶ原」と呼び、その時流れた血が溜まったところが赤沼だという。これは下野国の男体山と上野国の赤城山になぞらえて、両国が対立関係にあったことから、いつの時期かに誰かが創作した話である。「戦場ヶ原」とはあまりに出来過ぎた地

名である。

⑤**益子**（ましこ）　益子焼の名前で全国的に知られた芳賀郡の町。益子の由来は、かつてこの地に勢力を張っていた益子氏という豪族によっている。源頼朝が奥州藤原氏征討の軍を挙げた時、益子正重は宇都宮氏の郎党として戦功を挙げて、頼朝から源氏の旗である白旗一流を下賜されたという。しかし、戦国期になると宇都宮氏と対立することが多くなり、天正11年（1583）宇都宮氏によって滅ぼされることになった。

　益子焼は嘉永5年（1852）に大塚啓三郎によって始められた。笠間で修行していた大塚に土地を与え、瀬戸物を焼かせたのが始まりで、藩の推奨を受けて生産量が上がっていた。主に作られたのは台所用の雑器で、江戸に運ばれて売られた。

⑥**真岡**（もおか）　『和名抄』に「芳賀郷」という郷名があり、これが今の真岡地区に当たると言われる。現在でも「芳賀郡」があり、「芳賀町」（はがまち）があり、この地域には焼き物で知られる「益子町」（ましこまち）も入る。古代中世には「真岡」という地名は存在せず、天正年間（1573〜92）に「真岡」と改称したとされる。天正5年（1577）芳賀高継によって築かれた芳賀城が真岡城と呼ばれたという。地名の由来については諸説あるが、「ふむのあとこと」という文書に、「御前の岡の台に鶴集まりて毎日舞けるを、郷人是を見て、けふも舞ふか、けふも舞ふかと云へり、是真岡郷の初とかや」とあることから、鶴が「舞ふか」によるという説がよく伝えられている。

⑦**渡良瀬川**（わたらせがわ）　北関東を流れる利根川水系の支流の一級河川である。栃木県足尾町（あしおまち）（現在は日光市）近くから群馬県に流れ、みどり市で南東に向きを変え、再び栃木県に流れ、利根川に合流する地点では広大な渡良瀬遊水地を形成する。「渡良瀬」という川名は旧足尾町にある「渡良瀬」という地名に由来すると言われている。また、日光を開山した勝道上人が川を渡ろうとした時、渡るにちょうどよい浅瀬があったので渡良瀬と名づけたという伝承もある。「渡瀬川」と書かれたこともあり、いずれにしても「川を渡る」ことにちなんだ川名であることは間違いない。

難読地名の由来

a.「利保」（足利市）**b.**「八椚」（足利市）**c.**「帯刀」（栃木市）**d.**「接骨木」（那須塩原市）**e.**「四十八願」（佐野市）**f.**「寒井」（大田原市）**g.**「汗」（河内郡上三川町）**h.**「薬利」（那須郡那珂川町）**i.**「壬生」（下都賀郡壬生町）

【正解】

a.「かかぼ」（不明だが、母様（かかさま）に関連するか）**b.**「やつくぬぎ」（クヌギ（椚）の木が多くあったことに由来する）**c.**「たてわき」（帯刀を許された武士に由来するか）**d.**「にわとこ」（スイカズラ科の落葉低木の意味で、それに由来する）**e.**「よいなら」（戦国時代の佐野氏の家臣に四十八願家があった。四十八願とは大無量寿経にある言葉で、一切衆生を救うために発した四十八の願のことで、「よくなる」ことを願ったもの）**f.**「さぶい」（単に「寒い」に由来するか）**g.**「ふざかし」（鬼怒川舟運の船着き場で鑑札を貸していたところから「札貸し」「札河岸」となり、それが「ふざかし」に転訛したとの説がある。また、この地にある満願寺にある薬師如来に願をかけると汗をかくということから「汗地蔵」となったとの伝承もある）**h.**「くずり」（「楠」の語源は「奇す」の木で、薬に通じるので、その関連だと考えられる）**i.**「みぶ」（貴人の出産や養育に従事した「壬生部」によるものとの説のほか、単に湿地帯を意味するとの説がある）

商店街

ユニオン通り商店街（宇都宮市）

栃木県の商店街の概観

　栃木県は関東地方では面積が最大で、人口は約200万人、14市11町からなる内陸県である。位置的には東京から北へ60kmから160kmのところにあり、鉄道では東北新幹線、JR宇都宮線、東武鉄道により東京と結ばれている。宇都宮から東京までは新幹線で約50分、JR宇都宮線の東京駅乗り入れによる直通運転が実施されたため、在来線でも約90分から100分程度で東京まで行くことができるようになり、東京との結び付きがいっそう強くなっている。

　県内を大きく分けると、日光市や大田原市、矢板市などの県北地域、県庁所在地の宇都宮市や鹿沼市、真岡市などの県央地域、小山市や栃木市、足利市などの県南地域の3地域に区分される。

　商業面で見ると、2014年現在で、卸売業と小売業を合わせた商業事業所数の全国順位は19位（構成比1.7%）で、周辺の県と比較すると、群馬県（構成比1.7%）とほぼ同じで、茨城県（同2.3%）、埼玉県（同4.0%）と比較するとやや少ない状況である。市町別に商業事業所数を比較すると、県央の宇都宮市が25.1%と最も多く、次いで県南の足利市8.8%、栃木市8.6%、佐野市7.9%の順となり、県央地域と県南地域に位置する上位4市で全体の50.4%を占めている。

　市別に年間商品販売額を見ると、宇都宮市1市で全体の44.7%を占め、2位以下の小山市（8.4%）、佐野市（6.3%）、栃木市（6.1%）、足利市（5.7%）を大きく引き離している。都市別人口規模で比較しても、1位の宇都宮市（52万人）に次ぐ2位以下の都市が、小山市（17万人）、栃木市（16万人）、足利市（15万人）、佐野市（12万人）の順となっていて、宇都宮市への人口集中が顕著で、県の人口の約4分の1が集まっている。

　2014年の『商店街実態調査報告書』によれば、県内の商店街の立地環

境については、全体では中心市街地の割合が51.6%と最も高く、以下、駅前（15.2%）、住宅地（14.7%）、観光地（8.7%）、郊外（8.2%）の順となっている。また、地域別に見ると、他地域と比べて、県北地域では観光地の割合が19.7%、県南地域では駅前の割合が22.7%と高くなっている。

　県内の商店街の区域内に大型店（売り場面積500m²以上）がある商店街が66カ所あり、宇都宮市がある県央地域に29カ所と最も多い。大型店の内訳は「百貨店」が12店、「スーパーマーケット」が83店、「ホームセンター」が22店、「専門店」が47店、「ショッピングセンター・複合商業施設」が17店となっている。そして、地域的に見ると、県北地域では「スーパーマーケット」、県央地域では「ホームセンター」「ショッピングセンター・複合商業施設」、県南地域では「百貨店」「専門店」の割合が高い。

　業態別に見ると、百貨店の進出に対しての「プラスの影響」が36.4%と高く、「マイナスの影響」の9.1%を上回っている点が特筆すべき点として挙げられる。宇都宮市では中心商店街の「オリオン通り商店街」と隣接する「東武宇都宮百貨店」、栃木市での「蔵の街大通り商店街」沿いにある市役所併設型の「東武百貨店栃木店」などは、商店街と百貨店の共存共栄を示す事例としても良い参考になるであろう。

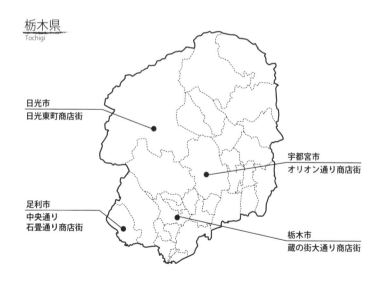

栃木県
Tochigi

日光市
日光東町商店街

宇都宮市
オリオン通り商店街

足利市
中央通り
石畳通り商店街

栃木市
蔵の街大通り商店街

オリオン通り商店街（宇都宮市）
―北関東随一の広域型大型アーケード商店街―

　オリオン通り商店街は東武宇都宮駅に隣接する市の中心部に位置し、1948年に誕生した商店街である。商店街のある一条町、江野町、曲師町の3町をオリオン座の3ツ星にちなみ名づけられた。1967年には栃木県初となる全長280mの大型アーケードを設置し、北関東唯一の広域型商店街に成長した。宇都宮の中心商店街は、東武宇都宮駅西側のオリオン通り商店街と東側のユニオン通り商店街（1952年誕生）が二大商店街と言われている。古着や靴、雑貨店などが充実しているユニオン通り商店街に対して、オリオン通り商店街には婦人服、靴、雑貨などの個人商店から美容室、カフェ、居酒屋、老舗料理店まで様々な店が軒を連ねている。商店街の入口には東武宇都宮百貨店も隣接し、買い物客で賑わっている。

　宇都宮と言えば、近年「餃子のまち」として全国的に知られており、商店街の周辺にも餃子専門店が多い。宇都宮が餃子のまちとなったのは、旧陸軍第14師団が中国に出兵したことで餃子を知り、帰郷後広まったことがきっかけとされている。また、餃子以外にも、世界的なアルトサックス奏者である渡辺貞夫をはじめ、有名なジャズプレイヤーが宇都宮出身者として多いことから、「ジャズの街・宇都宮」として毎日ジャズライブが楽しめる街をアピールして、「宇都宮ジャズライブマップ」という小冊子の地図もつくっている。また、宇都宮には魅力的なバーが多く、バーテンダー技能協会で優勝者を輩出するなど「カクテルのまち・宇都宮」としても名高い。ジャズスポットやバーだけでなく、レストラン、居酒屋、ライブハウス、ダイニングバーなど様々な店がオリオン通りと北側の大通りを中心に集まっている。

　近年、地方の県庁所在地の都市でも、郊外のロードサイ

宇都宮市オリオン通り商店街の賑わい

ドに立地する大型ショッピングセンターやアウトレットモールなどの進出に伴い、苦戦している中心商店街が多いが、宇都宮は中心商店街エリアの集客力を高める事業に次々と着手することによって、一定の成果を上げている。商店街がイベント事業とタイアップして、宇都宮発信の文化事業に取り組んでいることも功を奏している。オリオン通り商店街では、1997年から毎月第4土曜日にナイトバザールを開催し、2006年には市民広場「オリオン・スクエア」が開設され、郊外の大型店に流れる買い物客の取込みへ向けて様々な活性化プランを打ち出している。

蔵の街大通り商店街（栃木市）
―小江戸ブランドに特化した蔵の街商店街―

　栃木市は「蔵の街」として北関東有数の商業都市へ発展してきた。その始まりは、1617年、徳川家康の霊柩が日光山へ改葬され、その後、朝廷からの勅使が日光東照宮へ毎年参向するようになった。その勅使を例幣使と言うことから、通る道のことを例幣使街道と呼ぶようになった。栃木はこの街道の宿場町となり、人や物資が集まるようになった。また、街を流れる巴波川の舟運で江戸との交流が盛んとなり、江戸から日光へ荷や塩が運ばれ、栃木からは木材や農産物が運ばれるようになった。江戸時代の終わり頃には栃木の商人は隆盛を極め、豪商たちが巴波川の両岸に沿って蔵を建てていった。今でも栃木の街には蔵がたくさん残っている。

　JR両毛線、東武日光線の栃木駅から北へ蔵の街大通りが約2kmにわたって伸びている。駅から歩くこと15分で蔵の街の中心部に到着する。栃木市のメインストリートである「蔵の街大通り」には、商人町の面影が漂う古い建物が数多く残っている。観光案内所や蔵資料館、物産・飲食店など4棟の建物がある「とちぎ蔵の街観光館」や、栃木市の特産品や新鮮野菜などを扱う「コエド市場」、元呉服商の店舗で、現在は飲食店となっている1923年に建てられた国登録有形文化財の洋館「好古壱番館」など、見ているだけでも楽しい。

　「蔵の街大通り」にはホテルやレストラン、銀行などとともに栃木市役所の新庁舎も建っているが、ここは全国的に見ても珍しいユニークな施設となっている。2階から5階までは市の各部が入っているが、1階は東武百貨店栃木店の店舗として活用され、百貨店と市役所の共同利用施設となっている。もともとは、福田屋という地元百貨店の店舗であったところを、百貨店撤退後の新しい利用形態としたものである。1階の市役所受付カウ

ンターの横が化粧品や食料品などの百貨店の売り場となっていて、なんとも面白い。

蔵の街大通りと巴波川との間には、昔ながらの民家や美術館とともに、古い小さな商店街が所々にひっそりと残っている。「ミツワ通り共栄会」「銀座通り商店会」といった看板やアーチが昔のままにかけられている。道路の両側が片側アーケードになった3階建ての建物が並び、1階部分が商店となっているが、そのほとんどはシャッターが閉まっていて寂しい雰囲気を漂わせている。いかにも昭和の商店街の雰囲気があり、商店街マニアにはたまらない魅力となっている。コンビニエンスストアの看板さえも蔵の街にちなみ、黒と白の配色となっている。街全体が昭和の古い街並みをそのまま残した、まさに博物館のような街である。

中央通り、石畳通り商店街（足利市）
―日本最古の学校・足利学校にほど近い「まち歩き商店街」―

足利の中心商店街は、特にこれといった特徴のない商店街である。足利市観光協会、商工会議所では「学び舎のまち、出逢いのあるまち足利」を宣伝している。足利は日本遺産に指定された足利学校や国宝鑁阿寺をはじめとした歴史・文化遺産の多いまちとして知られている。

JR両毛線の足利駅に降り立つと「歴史都市宣言のまち足利」「ようこそ足利へ　足利学校日本最古の学校」という看板が目につく。駅北口から50mほど歩くと国道67号線の中央通りに出る。東へ行くと佐野、西へ行くと桐生の道路標識が見える。この中央通りに沿って東から西へ通1丁目から通7丁目まで個人商店を中心とした商店街が形成されている。洋品、着物、洋菓子、衣裳、宝石・時計、印刷など様々な業種が集まっている。面白いのは、道路沿いの店の看板がすべて足利学校の学校門をデザインしたプレートに描かれているところである。また、よく見ないとわかりにくいが、足利学校をデザインしたマンホール蓋が至る所にあり、「マンホールマップ」もつくられている。市のウェブサイトによると足利市内だけでも2万カ所以上のマンホールがあり、いろいろなデザインの蓋が使われているそうである。

中央通りから足利学校、鑁阿寺に至る道は石畳の散歩道になっていて、和食、和菓子、土産物などの店が集中している。なかでも、「足利ブランド」として、足利産の原料を使用した商品や、足利で生産・加工された製品には、足利商工会議所などが設置した「足利ブランド創出協議会」が認定し

た最中や羊かん、そば、ワインなどがあり、各商店で販売されている。一方で、大正時代の初期からこの付近でジャガイモがたくさん採れたことをルーツに、「ポテト入り焼きそば」が足利B級グルメとしても売り出し中である。現在、市内30店舗弱の店で販売されている。

　特にこれといった特徴がないにも関わらず、商店街を歩いてみるとおもしろいものを発見することもある。通りの看板に1910年頃の足利駅前の写真や1965年頃の足利駅前の図が残っている。当時の足利駅周辺には倉庫・運送店が軒を連ね、織物の輸送拠点であったことも記されていて、興味深い発見もできる。近年の足利のキャッチコピーは「素通り禁止　足利」である。そこにはこう記されている「奥が深くて一言では言い表せない足利は、素通りなんてできないまち」まさに街歩きをしてみると素通りできない足利のまちを感じ取ることができる。

日光東町商店街（日光市）
―世界遺産「日光の社寺」門前商店街―

　近代化産業遺産であるJR日光駅のあたりは店も少なく寂しいが、約200m北へ歩くと東武日光駅がある。ここはいかにも観光地の駅前らしく、土産物店や飲食店が集中している。標高543mのプレートのある駅前のロータリーから世界遺産「日光の社寺」として有名な東照宮の表参道まで、国道119号線沿いの約1.5kmの間に日光東町商店街がある。

　日光東町商店街の商店には、土産物店、和菓子店、飲食店、日光彫専門店、ホテルなど観光客相手の店が多いが、旧日光市役所（現・日光総合支所）、消防署、銀行などの公共サービス・金融などの施設も入っている。しかし、地元住民のための日用品や電化製品、洋品・日用雑貨などの店は少ない。

　2006年に2市2町1村が合併した現在の日光市は、人口約9万人のうち旧今市市に6万人、旧日光市に2万人弱が居住していることもあり、商業の中心は日光の南に位置する今市に移っている。しかし、日光街道沿いの今市の中心商店街も1990年代からスーパーマーケットが相次いで閉店し、2000年以降は空き店舗が目立ってきている。

　現在の日光東町商店街はほとんどが観光客相手の店で占められており、地元住民相手の店はほとんどない状況である。今後の課題として、観光地立地の商店街が、観光客だけでなく地域住民のための近隣型商店街としての役割をどう果たしていくことができるかが大きな鍵となってくる。

花風景

戦場ヶ原のホザキシモツケ

地域の特色

　三方を山地に囲まれた盆地状の内陸県で、南部が関東平野に開かれて北高南低となっている。北部から西部にかけて2,000メートル級の山岳が連なり、東日本火山帯の旧那須火山帯の南端部にも属することから、日光白根山、那須岳、男体山などの著名な火山が多く、高原、湿原、温泉地も多い。中央部に日光街道・奥州街道が通り、今も東北新幹線などの交通路が南北に縦断している。日光東照宮、奥日光、那須などの社寺、自然、温泉と観光資源が豊富である。太平洋側の暖温帯の気候が中心となっている。

　花風景は、近世の街道や神社のサクラ名所、近代から生き続ける古木、里地里山の山野草、国立公園の湿原植物、高原の花木や草原植物など、歴史的な名所、観光地、里山、自然地域と多彩である。

　県花はツツジ科ツツジ属のヤシオツツジ（八汐躑躅）で、アカヤシオ、シロヤシオ、ムラサキヤシオの総称とされる。日光、那須、塩原などの山地に広く分布し、冬の厳寒に耐え、早春に咲き始め、春を通して赤紫色、白色、桃色などの美しい花を咲かせる。県民性を表す象徴として、また、県民の郷土愛と郷土意識を高揚させる花として親しまれている。

主な花風景

日光街道桜並木のサクラ　＊春、日本さくら名所100選

　国道119号の宮環上戸祭町交差点から北へ日光市山口までの日光街道沿い約16キロに、ヤマザクラが約1,500本植えられている。江戸時代に五街道の一つであった日光街道は、1619（元和5）年、宇都宮城主本多正純によって開設され、日光参詣の折など、多くの人々に利用されてきた。第2次世界大戦後、栃木県は、日光へと至る本道路を主要な観光道路として位置づけ、並木植栽へと繋がっていった。沿道5カ村によって設立された道路愛

護協会は、1951（昭和26）年にヤマザクラ1,300本、ヤマツツジ1,500株を植栽した。これが、本道路に対する大規模なサクラ植栽の最初の事例である。次いで県が55（同30）年にヤマザクラ500本、カエデ200本、ツツジ350株を植栽した。京谷らの研究（2003）によれば、本道路の並木が江戸期以来の長い伝統を持ち、次代での整備の際に、前代のものを多少なりとも残してきたため、江戸期を象徴するマツ、明治から大正期のスギ、戦後のサクラとカエデが入り混じることになったという。

太平山県立自然公園のサクラとアジサイ ＊春・夏、日本さくら名所100選

　太平山県立自然公園は、栃木市にある標高341メートルの太平山を中心として1955（昭和30）年に指定された。面積は約1,080ヘクタールある。太平山の名前は、第53代淳和天皇が、風水害や疫病で人々が苦しむ様に御心を痛められ、「下野国（今の栃木県）の霊峰三輪山に天下太平を祈る社を造営せよ」との詔を賜り、神様をお祀りするための太平山神社が827（天長4）年に慈覚大師により創建されたことによるとされる。公園全体に、ソメイヨシノやヤマザクラなど4,000本以上のサクラが植えられている。特に、遊覧道路沿いは、約2キロにわたり、サクラのトンネルとなる。例年4月初旬から2週間、「太平山桜まつり」が行われる。ふもとの太山寺には、三代将軍家光の側室で四代将軍家綱の生母お楽の方が家光を偲んで植えたといわれる推定樹齢360年のシダレザクラがある。太平山神社の六角堂前から随身門に続く約1,000段の石段からなる参道（通称「あじさい坂」）には、西洋アジサイ、ガクアジサイ、ヤマアジサイなど約2,500株のアジサイが植えられている。

あしかがフラワーパークのフジ　＊春

　あしかがフラワーパークは、大きな藤棚が有名な花のテーマパークで、足利市にある。9ヘクタールの園内は、四季折々、数多くの花々で彩られ、毎年150万人以上の来園者がある。もともと早川農園として1968（昭和43）年に開園し、250畳（約410平方メートル）の大藤が親しまれていたが、97（平成9）年に20キロ離れた現在の地に移設し、あしかがフラワーパークとしてオープンした。シンボルである大藤（当時樹齢130年）の移植は前例がないもので、全国から注目を集め、日本の女性樹木医第1号である塚本こな

み（後に園長）によって3年かけて実行され、成功した。大藤4本（野田九尺藤3本、八重黒龍藤1本）と80メートルに及ぶ白藤のトンネルは県の天然記念物に指定されており、これらが見頃を迎える4月中旬から5月中旬に「ふじのはな物語〜大藤まつり〜」が開催される。移植当時、250畳大だった野田九尺藤は、幹周り4メートル15センチ、600畳（約990平方メートル）もの大きさとなり、移植時の10倍以上に枝を広げている。花房は1.9メートルに達する。移植の顛末は絵本「おおふじひっこし大作戦」（文：塚本こなみ、絵：一ノ関圭、福音館書店、2002年5月）になった。

那須フラワーワールドのチューリップ　＊春

　那須フラワーワールドは、那須連峰を見渡す標高約600メートルの那須高原にある民間のフラワーパークで、2005（平成17）年秋に開園した。原種・八重咲・フリンジ咲きなど珍しい種類を含む約300種約22万株ものチューリップがパッチワーク状に斜面に植えられ、ゴールデンウイークの頃に咲き誇る。6月には、花の形がフジに似て別名「昇りフジ」といわれる約1.5万株のルピナスが見頃を迎える。

万葉自然公園かたくりの里のカタクリ　＊春

　佐野市の標高229メートルの三毳山麓の北斜面に、約1.5ヘクタール、約200万株にも及ぶカタクリの大群落があることが1970年代後半に確認され、87（昭和62）年に市の天然記念物に指定されたことをきっかけに、万葉自然公園かたくりの里として整備された。万葉集には、「下毛野　みかもの山の　小楢のす　まぐはし児ろは　誰が笥か持たむ」（コナラの木のように愛らしいあの娘は誰の妻になるのか、読み人知らず）という歌があり、また、万葉集にはかたくり（かたかご）を詠んだ歌もあり、三毳山は万葉にちなんだ地といえる。

ハンターマウンテンゆりパークのユリ　＊夏

　ハンターマウンテンスキー場の約10ヘクタールの広大なゲレンデに、色鮮やかなスカシ系や、香りも楽しめるオリエンタルハイブリッド系など50種400万輪のユリが咲き誇る。日本最大級のユリ園で、2003（平成15）年から開園している。全長1,000メートル、約10分のフラワーリフトに乗ると、

足元にはユリの絨毯が広がる。リフト降り場からは最長2キロのゆりパーク遊歩道があり、見晴らし展望台からは遠く日光連山も見渡せる。

市貝町芝ざくら公園のシバザクラ　＊春

　2006（平成18）年に開設された市貝町の公園で、農業用水のために芳那の水晶湖（塩田調整池）を掘削した際の残土が盛られた隣接地の丘につくられている。公園の面積は8ヘクタール、うち、シバザクラ植栽面は2.4ヘクタールで、本州最大級の約25万株のシバザクラが植栽されている。丘の頂上には360度見渡せる展望台があり、町を流れる小貝川をイメージして曲線形に植えられた白・ピンク・紫のシバザクラが、見渡す限りにグラデーションをなして広がっている様子が見渡せる。毎年4月から5月にかけて催される「芝ざくらまつり」には多くの人が訪れる。

戦場ヶ原のワタスゲとホザキシモツケ　＊夏、日光国立公園、ラムサール条約登録湿地

　戦場ヶ原は、標高約1,400メートルの平坦地に広がる約400ヘクタールの湿原で、その東側を男体山、太郎山、山王帽子山などの山に囲まれ、西側は小田代ヶ原、外山に面する。もともと湯川が男体山の噴火で堰き止められた堰止湖であったが、その上に土砂や火山の噴出物が積もり、さらにその上にヨシなどの水生植物の遺骸が腐らずに堆積して陸地化し湿原となった。その名前は、昔、男体山の神と赤城山の神が、美しい中禅寺湖を自分の領土にしようと、大蛇と大ムカデに姿を変え、激しい争奪戦を繰り広げた場であるとの伝による。湿原を囲むように自然研究路が整備され、多くのハイカーが訪れる。戦場ヶ原には350種以上の植物が自生しており、春から夏の終わりまで、さまざまな草花を観賞することができる。特に初夏から夏には、ワタスゲやホザキシモツケが見頃となる。ワタスゲは、細い茎の先に楕円形の小さな穂をつけ、花被片が糸のように伸びて白い球状の綿穂になる。これは種子の集まりで、黄緑色の花は下の方にひっそりと咲く。花被片が伸びた先端の綿穂が大名行列の先頭でかざされる毛槍に似ていることから、雀の毛槍という別名もある。ホザキシモツケは、高さ1～2メートルになる落葉低木で、穂の先にピンクの花を咲かせ、「穂先下野」と書く。

那須高原と八方ヶ原のツツジ　＊春、日光国立公園

　那須高原の八幡つつじ園では、毎年5月中旬から下旬にかけて、約23ヘクタールに約20万本のヤマツツジやレンゲツツジが咲き誇る。那須高原の八幡は明治の頃より、那須特産の馬「那須駒」の放牧地だった場所で、この一帯のツツジは、馬の食べ残したツツジが群生したものである。標高1,050メートルの八幡崎の展望台からはツツジの背後に那須連山を望むことができる。つつじ園地に隣接する八幡自然研究路には、橋長130メートル、高さ38メートルの吊り橋がある。

　矢板市の八方ヶ原は、高原山の中腹、標高約1,000〜1,200メートルに広がる高原で、階段状の台地は下から順に学校平、小間々、大間々と呼ばれる。大間々には駐車場、展望台が整備されており、高原山縦走の登山道の入り口がある。一帯には、アカヤシオ、シロヤシオ、トウゴクミツバツツジ、ヤマツツジ、レンゲツツジが次々に咲き、特に大間々周辺には20万株のレンゲツツジの群落がある。昔、八方ヶ原には軍馬牧場があり、レンゲツツジは馬に食べられずに残ったため、群生になった。展望台からは、日光や那須連山、遠く関東平野まで見渡すことができる。

霧降高原のニッコウキスゲ　＊夏、日光国立公園

　霧降高原にあるキスゲ平園地は、日光連山の赤薙山の中腹、標高1,300〜1,600メートルに位置し、26万株のニッコウキスゲが咲く。ニッコウキスゲは山地や高山の草原などに群生する多年草で、日光に多く自生していたことからこの名が付いた。ここは、かつてはスキー場のゲレンデだったが、2004（平成16）年に閉鎖され、今は1,445段、高低差約240メートルの階段を昇る「天空回廊」が整備されており、関東平野が一望できる展望台まで行くことができる。さまざまな花が咲くキスゲ平の半自然草原を維持していくため、毎年秋に刈払いが行われている。

公園 / 庭園

国立公園日光東照宮

地域の特色

　栃木県は関東地方の北中部に位置し、北は東北地方の福島県に接し、4県に囲まれた内陸県である。三方を山地に囲まれた盆地状の地形で、南部が関東平野に開かれて北高南低となっている。福島・群馬県境をなす県の北部から西部にかけての帝釈山地には2,000m級の山岳が連なり、鬼怒川がこの地を源流部として、南流して利根川に合流する。山地は東日本火山帯の旧那須火山帯の南端部にも属することから、群馬県境の北関東最高峰の日光白根山をはじめ、那須岳、男体山などの著名な火山が多く、那須、塩原、日光には温泉地も多い。東部には八溝山を主峰とする八溝山地が南北に走り、那須岳を源流とする那珂川がこれを横切って太平洋に注ぐ。

　中央部の平地に江戸と東北地方を結ぶ日光街道・奥州街道が通り、今も東北新幹線などの交通路が南北に縦断している。宇都宮は古くから交通の要衝であったが、宇都宮市大谷町で採れる大谷石（凝灰岩）でも知られている。1999（平成11）年、日光東照宮などが世界文化遺産「日光の社寺」になった。首都圏との結びつきが強く、社寺、自然、温泉と観光資源が豊富で、国内外の観光客を集める一大観光地であり、京浜からの日帰り観光圏ともなっている。

　古くは下野の国といい、中世には鎌倉新仏教が広がり、寺院の創建や足利学校の再興が図られ、学問が盛んになった。近世には江戸の北の要衝として譜代大名が統治し、関東七名城の一つ宇都宮城を築いたが、旗本領などの小藩も増え、小城下町も生んだ。近代には、繊維、水力、銅山などの開発が進んだが、足尾銅山はわが国初の公害の地となってしまった。

　自然公園は日光という傑出した広大な国立公園を有し、益子焼を生みだした益子県立自然公園などもあり、都市公園は日光や大谷石、庭園は足利学校にちなむものがあり、地域の特色を出している。

　〔凡例〕　🄐自然公園、🄓都市公園・国民公園、🄟庭園

目 日光国立公園日光 *世界遺産、史跡、名勝、日本百名山

　日光国立公園は1934〜36（昭和9〜11）年誕生のわが国最初の国立公園12カ所の一つである。12（明治45）年、日光町長から「日光ヲ帝国公園トナスノ請願」が提出され、帝国議会で採択されたように、富士山、瀬戸内海と並ぶ国立公園候補地であった。2007（平成19）年に尾瀬が分離独立するものの、山岳、火山、湖沼、湿原、渓谷、瀑布と傑出した自然を有し、さらに世界文化遺産の神社仏閣を擁する多彩な公園である。福島県、栃木県、群馬県にまたがるが、大半は栃木県である。当初の公園区域は日光、奥鬼怒、尾瀬であったが、1950（昭和25）年に鬼怒川、塩原、那須などが編入された。南北に続く那須火山帯に属し、火山や温泉が多い。

　日光には世界文化遺産となった徳川家康を祀る東照宮と古くからの二荒山神社や輪王寺がある。江戸中期の国学者本居宣長が『古事記伝』でわが国では人も鳥獣木草も海山も何でも神になると論じたように、徳川家康も東照宮で神になった。日光も八百万の神に見守られ、自然と人工が融合している。いろは坂を登った奥日光には成層火山の独立峰男体山（2,486m）が円錐形で堂々とそびえ、北に男女一対の成層火山女峰山が連なる。男体山の南麓に溶岩による堰止湖の中禅寺湖が静かにたたずみ、華厳の滝が豪快に落ちている。男体山は8世紀に僧の勝道上人が開山した山岳信仰の名山であり、山頂には日光二荒山神社奥宮がある。中禅寺湖の奥には幾重にも落ちる竜頭の滝があり、戦場ヶ原と小田代原の湿原が広がる。その奥には堰止湖の湯ノ湖と湯滝があり、湯元温泉がある。背後に成層火山で溶岩円頂丘をもつ北関東最高峰の日光白根山（2,578m）が群馬県との県境をなしてそそり立っている。

　日本三名瀑と称される華厳の滝は勝道上人の発見で華厳経から名付けられたと伝えられているが、華厳の滝を一躍有名にしたのは1903（明治36）年の第一高等学校（現東京大学）学生の藤村操の投身自殺である。近くの樹木に書きこんだ哲学的な漢文調の遺書が話題になった。華厳の滝は27（昭和2）年の東京日日新聞などの「日本八景」では瀑布の部で1位に選ばれるが、滝口の崩落により徐々に後退し、86（昭和61）年には崩落の修復が

行われた。

中禅寺湖は、軽井沢、箱根、六甲山、雲仙と同じように明治時代以降に東京の外国人の保養地になっていた。1892（明治25）年来日のイギリス人水彩画家アルフレッド・パーソンズも日光から中禅寺湖を経て湯元に赴き、風景画を残している。

㊂ 日光国立公園那須

那須は活発な火山の那須岳（1,917m）や茶臼岳が連なり、裾野には高原が広がり、那珂川の上流に幾筋もの渓谷をつくり、温泉地が多い。関東の最北端で福島県との県境を越えるとかつて陸奥（東北地方）の入口といわれた白河の関の地がある。那須連山はかつて「白湯山信仰」という修験道の山岳信仰の地でもあり、源平合戦の屋島の戦いで扇の的を射た当地出身の那須与一は那須温泉神社を崇敬したという説がある。那須温泉は古代から知られ、江戸時代には群馬県の草津温泉に次ぐ格付けをされていたこともある。茶臼岳の山麓の那須湯本温泉にある地獄現象の殺生石は、狐の妖怪がこの地で退治されて石に化身したという一説があり、室町時代に能楽「殺生石」の題材となり、江戸時代には浄瑠璃や歌舞伎にとり上げられた。1689（元禄2）年、江戸の俳人松尾芭蕉はこの地を訪れ、『奥の細道』で蜂や蝶が重なり死んでいると俳句を詠んだが、今も危険な硫化水素が噴きでている。

那須高原は保養地が形成され、1926（大正15）年、天皇家の那須御用邸が建てられる。2008（平成20）年、御用邸敷地の一部の豊かな森が天皇陛下御在位20年慶祝事業として開放されることになり、11（平成23）年、自然とふれあうための「那須平成の森」として開園した。

㊐ 日光杉並木街道と日光杉並木公園　　*特別史跡、特別天然記念物

日光市を中心に日光街道、例幣使街道、会津西街道あわせて総延長37kmにおよぶ杉並木である。日光東照宮の参詣道として江戸時代初期につくられ、徳川家の家臣松平正綱が20年以上かけて杉を植え日光東照宮に寄進した。当時植えられた杉は5万本ともいわれている。病没した正綱の遺志をついで次男の正信が4カ所に寄進碑を建立した。杉並木街道と寄進碑が国の特別史跡および特別天然記念物に指定されている。戦時中は杉

をすべて伐採して供出するという危機に見舞われたが、関係者の働きかけで結果的には2本のみの供出にとどまった。しかし、1961（昭和36）年には約1万6千本あった杉が、生育環境の悪化や老齢化によって2013（平成25）年には1万2千本に減少してしまった。生育環境確保のために15（平成27）年には文化財の範囲を追加して保護対象が拡大され、杉並木のオーナー制度や樹勢回復のための工事が続けられている。日光杉並木公園は杉の根を保護するために公有化した敷地を整備したものである。旧江連家など2棟の民家が復元され、公園の近くでは見上げるような杉並木の間をゆっくり歩いて楽しむことができる。

都 大谷公園 おおや

　宇都宮市にある大谷石の石切場跡につくられた公園である。軟らかく加工しやすい大谷石は古くから石造物や建築に利用されてきた。アメリカの建築家フランク・ロイド・ライトが旧帝国ホテルに使用したことでも知られている。大谷公園は露天の採石場の跡地につくられ、巨大な石の壁や奇岩を見ることができる。公園にそそり立つ高さ27mの平和観音は山を上から掘り下げながら観音像を浮き彫りにし6年の歳月をかけて1954（昭和29）年に完成した。近くには自然の岩盤が奇観を呈している国指定名勝の奇岩群、特別史跡の大谷磨崖仏がある大谷寺のほか、大谷資料館では広大な地下空間でさまざまな時代の石の採掘跡を見学することができる。

都 銅 親水公園 あかがねしんすい

　日光市の南西に位置する足尾銅山は350年以上にわたり銅が採掘され、1973（昭和48）年に閉山した。明治以降は近代的な方法を用いて発展したが、工場からの鉱毒が渡良瀬川の水や土壌を汚染して下流へと被害が拡大した。山火事や亜硫酸ガスで荒れていた山は植林によって緑が蘇りつつある。55（昭和30）年に松木川・仁田元川・久蔵川の合流地点に砂防ダムが建設され、1996（平成8）年にはダムの下流に銅親水公園が整備された。公園内にある足尾環境学習センターでは映像や展示を通じて足尾銅山と自然について学ぶことができる。

地域の特性

　栃木県は、関東地方最大の面積を有する内陸県であり、県北西部の那須岳から塩原を経て中禅寺湖へ至る山岳地域は日光国立公園に指定されており、那須、塩原、鬼怒川、日光など、日本有数の温泉観光地域を形成している。平野部は、国内随一の大麦の産地であり、乳用牛の頭数と生乳生産量では北海道に次ぐほどである。また、かつてはイチゴやかんぴょうなどの生産も盛んであったが、現在では高速道路の開通で首都圏と直結され、ハイテク産業の内陸型工業団地が形成されている。

◆旧国名：下野　県花：ヤシオツツジ　県鳥：オオルリ

温泉地の特色

　県内には宿泊施設のある温泉地が69カ所あり、源泉総数は629カ所、湧出量は毎分6万4,000ℓで全国13位である。42℃以上の高温泉が約60％を占める。年間延べ宿泊客数は447万人で全国9位にランクされている。宿泊客数が多い温泉地は、鬼怒川・川治170万人、那須温泉郷116万人、塩原温泉郷84万人、日光湯元・中禅寺35万人であり、上位3温泉郷が他を引き離している。日光湯元は酸ヶ湯、四万とともに日本で最初に国民保養温泉地に指定され、その後県内の板室が追加指定された。鬼怒川、那須、塩原の栃木県の3大観光温泉地のうち、那須と塩原は古代よりの歴史がある温泉地であり、鬼怒川は近世中期に温泉が発見されたといわれる。

主な温泉地

①鬼怒川（きぬがわ）・川治（かわじ）

176万人、6位
単純温泉

　県中央部、鬼怒川渓谷の段丘上に形成された鬼怒川温泉は、日本有数の観光温泉地である。江戸時代の1692（元禄5）年、下滝村の沼尾重兵衛が

河床に温泉を発見し、滝の湯と称して村民6人で共同浴場を建て、村人の入湯に供した。その後、日光奉行所から神領地であるとの理由で没収された。1873（明治6）年、会津西街道の宿場でもあった藤原集落の旧家が、鬼怒川左岸に自然湧出泉を発見し、新湯と称して浴場を建てたが、河水の浸入もあって放置された。また、滝の湯も明治中期に宇都宮の資本家が権利を得て旅館を経営したが、河床にある温泉がたびたびの洪水で被害を受け、さらに当時の街道筋の交通量は少なくて温泉地の発展にはつながらず、明治後期には廃業となった。

　鬼怒川温泉の発展は、大正初年の東京電力鬼怒川水力発電所建設に伴って河床に新温泉が発見され、地元藤原村の有力者が工事用軌道の存続を図り、温泉旅館の経営に着手したことに起因している。昭和初年、東武鉄道が浅草から日光と鬼怒川への連携を図り、便利となった。一方、温泉掘削会社が土地を買収して温泉付き分譲地を開発し、外来資本が流入して歓楽色の強い温泉街が形成された。1930（昭和5）年の『藤原郷土史ノ研究』には、「鬼怒川温泉郷ノ特徴ハ東都ヨリノ交通ニシテ、即チ朝ニ上野ヲワタレバ、夕ニ楽ニ帰郷シ得ルトシテ、都人士ノ一日ノ行楽ニ好適地タル点ニアリ、将来ハ療養地トシテヨリハ寧ロ遊楽地トシテ発展スルデアロウ」と記し、鬼怒川温泉はそのとおりの発展をたどった。

　第2次世界大戦後の鬼怒川温泉の発展は著しく、高層のホテル、旅館が林立する観光温泉地景観が出現し、多くの飲食店や劇場などが集まる歓楽街が形成された。大規模で豪華なホテルは、館内に各種の浴場、ショーの大舞台や土産店などを備え、温泉地内の商店街は活気をなくした。現在、毎分3,600ℓの豊富な単純温泉が湧出し、年間延べ宿泊客は川治を加えて176万人を数えるが、観光志向性の変化によって新たな対応が求められている。日光観光の宿泊拠点としての機能を果たしてきた鬼怒川温泉は、近隣の東武ワールドスクウェア、日光江戸村、ウエスタン村（現在休園中）、鬼怒川下りなどはもちろん、温泉地内の吊橋や近くの龍王峡を散策するコースが充実し、旧会津西街道の大内宿の伝統的町並みとの広域観光にも取り組んでいる。

　鬼怒川温泉の上流を6kmほど遡ると、閑静な環境のもとに旅館が点在する川治温泉があり、鬼怒川温泉と一体化して温泉地の発展を期している。江戸時代中期、1723（享保8）年の豪雨で五十里堰が決壊した際、川治村

の村民は高所に逃れて人的被害は免れたが、その数日後にいかだ流しが濁流でえぐられた川岸で湯けむりを上げている温泉を発見した。その後、この源泉を利用した薬師の湯の浴場が、近在の人々の湯治の場となり、宿屋も開設された。幕末に、新撰組の副隊長の土方歳三が、宇都宮の戦いで受けた弾傷を治すために薬師の湯に浸かったといわれる。この温泉は河畔の横穴から湧出しており、45℃の高温泉が毎分4,000ℓも湧出している。川治と鬼怒川の温泉地の中間部に、紅葉の見所である龍王峡が3kmにわたって続いている。

交通：東武鉄道鬼怒川温泉駅

②那須温泉郷（那須湯本・大丸・弁天・北・八幡・三斗小屋・高雄）
なす

116万人、10位

硫黄泉、単純温泉

　県最北部、那須岳（茶臼岳）の標高約1,000mの山麓斜面に硫黄泉の那須湯本温泉がある。この湯本を中心に、那須火山帯に属す一帯に単純温泉の大丸、弁天、北、八幡、三斗小屋、硫黄泉の高雄などの小温泉地が分布し、温泉郷を構成している。湯本温泉の起源は、7世紀前半の舒明天皇の頃に郡司の狩野三郎行広が鹿を追って発見したと伝えられ、古くは鹿の湯とよばれていた。また、奈良時代前半の738（天平10）年に書かれた正倉院文書「駿河国正税帳」に、小野朝臣が従者12人と那須温泉を訪れたことが記され、遠隔地からの湯治が行われていた。1193（建久4）年には源頼朝が那須野で狩りをし、1265（文永2）年には日蓮聖人も病気療養で入湯したという。

　江戸時代後期の「諸国温泉効能鑑」（温泉番付）には、野州那須の湯は草津温泉に次いで東の関脇に位置しており、諸病に吉と記されていた。1689（元禄2）年、俳人の松尾芭蕉も訪れて、『奥の細道』に「殺生石は温泉の出る山陰にあり。石の毒気いまだほろびず、蜂蝶のたぐい真砂の色の見えぬほどにかさなり死す。」と記し、「飛ぶものは雲ばかりなり石の上」と詠んだ。この殺生石の荒れた火山地が広がる横の高台に、源平合戦の屋島で扇の的へ弓を引いた那須与一が祈願した温泉神社がある。温泉街は幕末の山津波で壊滅したが、領主の大関氏が復興に尽力し、人々は現在地へ移って新しい温泉場を形成した。鹿の湯から引湯した温泉を通りの中央に

設けた5カ所の共同浴場へ流し、その両側に28軒の湯宿を規則的に配置した。

　現在、鹿の湯共同浴場には41℃以上の高温泉が1℃きざみで44℃までの4つの浴槽があり、その他に46℃と48℃の2つの浴槽がある。ここでは入浴法が決められており、入浴前に柄杓で100～300回後頭部に「かぶり湯」をした後、2～3分間胸まで湯に浸かり、さらに2～3分間の全身浴をし、これを15分ほどかけて繰り返す。この浴槽に浸かると、胃腸病や皮膚病などによいといわれ、療養客が多く集まっている。宿泊施設はホテル、旅館を中心に、ペンション、ロッジ、保養所などが多いが、保養所は減少している。

　那須温泉郷には、個性的な温泉地が点在しており、年間延べ116万人の宿泊客を集めている。大丸温泉は高温の温泉の小川をせき止めた露天風呂があり、観光客に人気を博している。標高1,400mの最高所にある三斗小屋温泉は、秘湯としての特性をもち、登山客や保養の客が多い。一方、新那須温泉には大規模な総合レジャーセンターでもあるホテルサンバレー那須がある。日光国立公園でもある茶臼山へはロープウェイが架設され、スキー場も整備されている。山麓にはツツジの大群落のほか、多くの美術館や博物館があり、文化観光にも寄与している。

交通：JR東北本線黒磯駅、バス35分

③塩原温泉郷（大網・福渡・塩釜・塩の湯・畑下・門前・古町、新湯・元湯）

　84万人、18位

　塩化物泉、硫黄泉、単純温泉

　県北部、箒川の渓谷に沿って、大網、福渡、塩釜、塩の湯、畑下、門前、古町、新湯、元湯などの温泉地が連続していて、塩原温泉郷を構成している。1,200年の歴史があるといい、温泉郷の中心である門前には2,000株のボタンの花で知られる妙雲寺があり、対岸の古町では各種の温泉浴を体験できる。塩の湯は渓谷の露天風呂があることで有名であるが、ここは17世紀中葉の寛文年間に発見されたという。最も奥にある標高790mの元湯は山峡の静寂な環境にあり、近くの新湯は硫黄山の噴気が漂うユニークな温泉地である。1972（昭和47）年に日塩道路（紅葉ライン）が開通して鬼怒川や日光との周遊が便利になり、さらに2002（平成14）年にはバイ

パスの龍王ラインが延伸されて塩原へのアクセスを向上させた。

　温泉は高温の単純温泉が多いが、畑下は塩化物泉、新湯と元湯は硫黄泉であり、異なる泉質は湯めぐりに適している。また、渓谷に面する露天風呂も人気が高い。年間延べ宿泊客数は門前と古町で50万人を超えていて多く、その他の各温泉を加えると84万人に達する。塩原温泉といえば、秋の箒川の紅葉が知られているが、4月のヤシオツツジ、夏にはスキー場のハンターマウンテン塩原で50種400万のユリが一面に咲き誇る。

交通：JR東北新幹線・東北本線那須塩原駅、バス50分

④日光湯元・中禅寺

35万人、67位（中禅寺温泉を含む）
国民保養温泉地
硫黄泉

　県中西部、奥日光には1954（昭和29）年に酸ヶ湯、四万温泉とともに、日本初の国民保養温泉地に指定された日光湯元温泉がある。湯元は、三岳山の噴火によってせき止められた湯ノ湖のほとりの静かな雰囲気の温泉地である。788（延暦7）年に日光山輪王寺を創建した勝道上人が、現在の温泉寺境内にある薬師湯を発見したといわれる。

　この温泉地は標高1,500mの高地にあり、冬は積雪が深いので、以前は5月から10月までの半年間の季節営業であった。源泉は湯けむりを上げる地熱地帯にあり、8カ所の源泉が集中していて、切妻型の木造屋根の源泉小屋は、温泉情緒を醸成している。自噴する源泉の泉質は酸性の硫黄泉であり、温度は42℃以上で高く、湧出量は毎分2,000ℓと豊富である。

　自然環境に優れた一帯は日光国立公園の集団施設地区となっており、温泉旅館、国民宿舎、民宿などの宿泊施設が集まっている。キャンプ場、スキー場も整備されていて、年間延べ宿泊客は中禅寺を加えて35万人を数える。環境省の日光湯元ビジターセンターがあり、ボランティアガイドも行われている。周辺には、湯ノ湖から流れ落ちる湯滝や近くに光徳牧場、戦場ヶ原、竜頭滝、霜降高原などの観光地が点在し、多くの観光対象を巡ることができる。

　国民保養温泉地ではないが、奥日光の観光拠点である中禅寺湖畔の中禅寺温泉は、湯元から温泉を引いている。男体山の噴火によって大谷川がせき止められて生まれた中禅寺湖、落差79mの華厳の滝、勝道上人開基の中宮祠二荒山神社、日光輪王寺別院中禅寺の桂の立木を使った千手観音な

どがあり、遊覧船から男体山を眺めるのも一興である。

交通：東武鉄道・JR日光駅、バス1時間20分

⑤板室（いたむろ）　国民保養温泉地
　　　　単純温泉

　県北東部、那須岳南麓の標高550mに位置し、那珂川の支流である湯川の谷間にある保養温泉地である。交通はJR黒磯駅からバスで約30分であるが、東北新幹線那須塩原からタクシー、また自家用車では東北自動車道那須インターからも同じ時間で到達できる。平安時代以来の歴史を有し、那須七湯の一つとして知られており、1971（昭和46）年に国民保養温泉地に指定され、静かな雰囲気の温泉地域は日光国立公園の一部を占める。

　この温泉は1059（康平2）年、那須三郎宗重が鹿狩りの際に発見したといわれ、村民が小屋がけをして湯治場を開いた。「下野の薬湯」として利用者が増え、中世末期に温泉宿ができ、江戸時代中期には6軒の宿があった。温泉は旅館の客や地域住民のための共同浴場に利用され、湯治客は38℃のぬるい湯に長く浸かり、神経痛、リウマチなどの療養をしたが、綱につかまって腰まで浸かる温泉としても知られる。板室温泉神社には、数多くの杖が奉納されており、「杖いらずの湯」ともいわれる。

　第2次世界大戦後、1961（昭和36）年に有力旅館が新規に温泉掘削をして内湯を設置し、各旅館へも給湯した。その後、新たな温泉開発が進み、20軒ほどの温泉集落が形成されていた。1982（昭和57）年には26万人の宿泊客が来湯し、県内や茨城県のほか、東京都、埼玉県、千葉県など温泉地の少ない都県からの客が多かったが、当時は療養客が45％、保養客が30％を示し、60歳以上が65％を占めていた。国民保養温泉地の指定を契機に、那珂川河畔に共同浴場やゲートボール場が開設され、その後、日帰り入浴施設「ゆグリーングリーン」もオープンした。

交通：JR東北本線黒磯駅、バス30分

⑥湯西川（ゆにしがわ）　単純温泉

　県北西部、福島県境に近い山間部の湯西川に沿って温泉地が形成されており、平家の落人伝説が地域づくりに活かされてきた。中心集落の川沿いに、歴史的文化財でもある旅館「本家伴久」の屋敷が保存されており、各種の温泉浴場があって現在も経営している。この川を挟んだ一角はタイム

スリップしたようで趣があるが、道路沿いは区画整理のもとに新しくなった町並みが延びている。少し離れた地区に野外歴史博物館の「平家の里」があり、移築した茅葺き民家には各種の歴史資料や山村の生活資料がコンパクトに展示されている。温泉旅館組合を中心に、かまくら祭り（1月）、平家大祭（6月）、竹の宵まつり（7月）、オーロラファンタジー（8月）、湯殿山大祭（8月17日）など、多彩な行事が行われており、観光経済新聞社の「にっぽんの温泉100選」でも、例年中位にランクされていて、高い評価を受けている。

交通：野岩鉄道湯西川温泉駅、バス35分

執筆者 / 出典一覧

※参考参照文献は紙面の都合上割愛
しましたので各出典をご覧ください

Ⅰ　歴史の文化編

【遺　跡】石神裕之　（京都芸術大学歴史遺産学科教授）『47都道府県・遺跡百科』(2018)

【国宝 / 重要文化財】森本和男　（歴史家）『47都道府県・国宝 / 重要文化財百科』(2018)

【城　郭】西ヶ谷恭弘　（日本城郭史学会代表）『47都道府県・城郭百科』(2022)

【戦国大名】森岡浩　（姓氏研究家）『47都道府県・戦国大名百科』(2023)

【名門 / 名家】森岡浩　（姓氏研究家）『47都道府県・名門 / 名家百科』(2020)

【博物館】草刈清人　（ミュージアム・フリーター）・可児光生　（美濃加茂市民ミュージアム館長）・坂本昇　（伊丹市昆虫館館長）・髙田浩二　（元海の中道海洋生態科学館長）『47都道府県・博物館百科』(2022)

【名　字】森岡浩　（姓氏研究家）『47都道府県・名字百科』(2019)

Ⅱ　食の文化編

【米 / 雑穀】井上繁　（日本経済新聞社社友）『47都道府県・米 / 雑穀百科』(2017)

【こなもの】成瀬宇平　（鎌倉女子大学名誉教授）『47都道府県・こなもの食文化百科』(2012)

【くだもの】井上繁　（日本経済新聞社社友）『47都道府県・くだもの百科』(2017)

【魚　食】成瀬宇平　（鎌倉女子大学名誉教授）『47都道府県・魚食文化百科』(2011)

【肉　食】成瀬宇平　（鎌倉女子大学名誉教授）・横山次郎　（日本農産工業株式会社）『47都道府県・肉食文化百科』(2015)

【地　鶏】成瀬宇平　（鎌倉女子大学名誉教授）・横山次郎　（日本農産工業株式会社）『47都道府県・地鶏百科』(2014)

【汁　物】野﨑洋光　（元「分とく山」総料理長）・成瀬宇平　（鎌倉女子大学名誉教授）『47都道府県・汁物百科』(2015)

【伝統調味料】成瀬宇平　（鎌倉女子大学名誉教授）『47都道府県・伝統調味料百科』(2013)

【発　酵】北本勝ひこ　（日本薬科大学特任教授）『47都道府県・発酵文化百科』(2021)

【和菓子 / 郷土菓子】　亀井千歩子　（日本地域文化研究所代表）『47都道府県・和菓子 / 郷土菓子百科』(2016)
【乾物 / 干物】　星名桂治　（日本かんぶつ協会シニアアドバイザー)『47都道府県・乾物 / 干物百科』(2017)

Ⅲ　営みの文化編

【伝統行事】　神崎宣武　（民俗学者)『47都道府県・伝統行事百科』(2012)
【寺社信仰】　中山和久　（人間総合科学大学人間科学部教授)『47都道府県・寺社信仰百科』(2017)
【伝統工芸】　関根由子・指田京子・佐々木千雅子　（和くらし・くらぶ)『47都道府県・伝統工芸百科』(2021)
【民　話】　木村康夫　（元大田原市歴史民俗資料館館長) / 花部英雄・小堀光夫編『47都道府県・民話百科』(2019)
【妖怪伝承】　立石尚之　（元古河歴史博物館館長) / 飯倉義之・香川雅信編、常光 徹・小松和彦監修『47都道府県・妖怪伝承百科』(2017) イラスト © 東雲騎人
【高校野球】　森岡 浩　（姓氏研究家)『47都道府県・高校野球百科』(2021)
【やきもの】　神崎宣武　（民俗学者)『47都道府県・やきもの百科』(2021)

Ⅳ　風景の文化編

【地名由来】　谷川彰英　（筑波大学名誉教授)『47都道府県・地名由来百科』(2015)
【商店街】　杉山伸一　（大阪学院大学教育開発支援センター准教授) / 正木久仁・杉山伸一編著『47都道府県・商店街百科』(2019)
【花風景】　西田正憲　（奈良県立大学名誉教授)『47都道府県・花風景百科』(2019)
【公園 / 庭園】　西田正憲　（奈良県立大学名誉教授)・飛田範夫　（庭園史研究家)・井原 縁　（奈良県立大学地域創造学部教授)・黒田乃生　（筑波大学芸術系教授)『47都道府県・公園 / 庭園百科』(2017)
【温　泉】　山村順次　（元城西国際大学観光学部教授)『47都道府県・温泉百科』(2015)

索　引

171

47都道府県ご当地文化百科・栃木県

令和6年7月30日　発　行

編　者　　丸　善　出　版

発行者　　池　田　和　博

発行所　　丸善出版株式会社
〒101-0051 東京都千代田区神田神保町二丁目17番
編集：電話 (03)3512-3264／FAX (03)3512-3272
営業：電話 (03)3512-3256／FAX (03)3512-3270
https://www.maruzen-publishing.co.jp

© Maruzen Publishing Co., Ltd. 2024

組版印刷・富士美術印刷株式会社／製本・株式会社 松岳社

ISBN 978-4-621-30932-2　　C 0525　　　　　　Printed in Japan

JCOPY 〈(一社)出版者著作権管理機構　委託出版物〉
本書の無断複写は著作権法上での例外を除き禁じられています．複写
される場合は，そのつど事前に，(一社)出版者著作権管理機構(電話
03-5244-5088, FAX 03-5244-5089, e-mail：info@jcopy.or.jp) の許諾
を得てください．

【好評既刊 ● 47都道府県百科シリーズ】

(定価：本体価格3800〜4400円＋税)

47都道府県・**伝統食百科**……その地ならではの伝統料理を具体的に解説

47都道府県・**地野菜/伝統野菜百科**……その地特有の野菜から食べ方まで

47都道府県・**魚食文化百科**……魚介類から加工品、魚料理まで一挙に紹介

47都道府県・**伝統行事百科**……新鮮味ある切り口で主要伝統行事を平易解説

47都道府県・**こなもの食文化百科**……加工方法、食べ方、歴史を興味深く解説

47都道府県・**伝統調味料百科**……各地の伝統的な味付けや調味料、素材を紹介

47都道府県・**地鶏百科**……各地の地鶏・銘柄鳥・卵や美味い料理を紹介

47都道府県・**肉食文化百科**……古来から愛された肉食の歴史・文化を解説

47都道府県・**地名由来百科**……興味をそそる地名の由来が盛りだくさん！

47都道府県・**汁物百科**……ご当地ならではの滋味の話題が満載！

47都道府県・**温泉百科**……立地・歴史・観光・先人の足跡などを紹介

47都道府県・**和菓子/郷土菓子百科**……地元にちなんだお菓子がわかる

47都道府県・**乾物/干物百科**……乾物の種類、作り方から食べ方まで

47都道府県・**寺社信仰百科**……ユニークな寺社や信仰を具体的に解説

47都道府県・**くだもの百科**……地域性あふれる名産・特産の果物を紹介

47都道府県・**公園/庭園百科**……自然が生んだ快適野外空間340事例を紹介

47都道府県・**妖怪伝承百科**……地元の人の心に根付く妖怪伝承とはなにか

47都道府県・**米/雑穀百科**……地元こだわりの美味しいお米・雑穀がわかる

47都道府県・**遺跡百科**……原始〜近・現代まで全国の遺跡＆遺物を通観

47都道府県・**国宝/重要文化財百科**……近代的美術観・審美眼の粋を知る！

47都道府県・**花風景百科**……花に癒される、全国花物語350事例！

47都道府県・**名字百科**……NHK「日本人のおなまえっ！」解説者の意欲作

47都道府県・**商店街百科**……全国の魅力的な商店街を紹介

47都道府県・**民話百科**……昔話、伝説、世間話…語り継がれた話が読める

47都道府県・**名門/名家百科**……都道府県ごとに名門/名家を徹底解説

47都道府県・**やきもの百科**……やきもの大国の地域性を民俗学的見地で解説

47都道府県・**発酵文化百科**……風土ごとの多様な発酵文化・発酵食品を解説

47都道府県・**高校野球百科**……高校野球の基礎知識と強豪校を徹底解説

47都道府県・**伝統工芸百科**……現代に活きる伝統工芸を歴史とともに紹介

47都道府県・**城下町百科**……全国各地の城下町の歴史と魅力を解説

47都道府県・**博物館百科**……モノ＆コトが詰まった博物館を厳選

47都道府県・**城郭百科**……お城から見るあなたの県の特色

47都道府県・**戦国大名百科**……群雄割拠した戦国大名・国衆を徹底解説

47都道府県・**産業遺産百科**……保存と活用の歴史を解説。探訪にも役立つ

47都道府県・**民俗芸能百科**……各地で現存し輝き続ける民俗芸能がわかる

47都道府県・**大相撲力士百科**……古今東西の幕内力士の郷里や魅力を紹介

47都道府県・**老舗百科**……長寿の秘訣、歴史や経営理念を紹介

47都道府県・**地質景観/ジオサイト百科**……ユニークな地質景観の謎を解く

47都道府県・**文学の偉人百科**……主要文学者が総覧できるユニークなガイド